# 人人都能學會

# ETF

## 輕鬆賺0050 全圖解

### 全新增修版

《Smart智富》真‧投資研究室 ◎著

# CONTENTS 目錄

人人都能學會ETF 輕鬆賺0050 全圖解（全新增修版）

## 前言 在學習投資的路上 你我始終相伴

　　國民 ETF——元大台灣 50（0050）在 2003 年成立，當年多數投資人對台股的看法偏向投機，並不怎麼相信長期投資的價值，因此這種不必自己選股的金融商品，在當時並沒有得到投資人的太多關注。也因此，0050 上市初期，僅有幾十億元規模，這還是發行公司拚了老命才達到的成績。

　　20 餘年過去了，今日的 0050 規模竟已超過 3,800 億元，而從成立迄今（統計至 2024 年 6 月 25 日），交出的累積報酬高達 898%，也就是將近 9 倍的報酬。我相信當年那些視台股為「賭場」的投資人，看到 0050 的長期報酬率，如今恐怕是要悔恨死了。

　　《人人都能學會 ETF 輕鬆賺 0050 全圖解》，第一版在 2017 年付梓，上市後旋即成為暢銷書，但當時可供投資的 ETF 並不多，即便是熟悉台股的投資人，也多半只熟悉市值型的 0050 與標榜高股

息的元大高股息（0056）。因此本書的第一版，除了介紹投資 ETF 的基本觀念，再輔以多數人熟悉的 0050，作為圖解學習的重點。

惟近 3 年，台灣 ETF 蓬勃發展，熱度甚至高燒到主管機關要出面降溫，跟當年簡直不可同日而語。而 ETF 的類型，更是從市值型、高股息型、產業型，到債券型，應有盡有，目前掛牌總檔數超過 200 檔。

ETF 多了，好處是投資人選擇更多，但煩惱，似乎也更多。我常碰到《Smart 智富》讀者或影音節目觀眾會問，某檔 ETF 跟 0050 有什麼不一樣，或是除了 0050 之外，還可以投資哪些 ETF？這些問題本身都不是三言兩語容易說清楚，再加上每個人的需求不同，可承受風險程度不一，因此最好的方法，不是給出一個簡單的答案，而是提供更完整的資訊，讓讀者可以輕鬆卻有系統地完整學習，這就成了這本書改版的初衷。

本書的改版，除了因近年法規或制度的修正，有些內容必須更新，另一方面，0050 的股價已經從上市時約 37 元，在 2024 年一度超過 200 元，不少小資族也想知道，有沒有跟 0050 類似，但價格更低、更好入手的 ETF。因此本書也新增介紹多檔市值型 ETF，譬如跟 0050 同樣追蹤台灣 50 指數的富邦台 50（006208），以及除了

市值排名之外，也重視 ESG 的富邦公司治理（00692）、元大臺灣 ESG 永續（00850），甚或是目前價格只有約 20 元上下的市值型 ETF 國泰台灣領袖 50（00922）等，我相信透過本書的更新版，已足以助讀者學會 ETF 的基本投資法門，以及掌握到台灣目前主要的市值型 ETF 的投資心法。

在學習投資的漫漫長路上，你不孤單，我們始終陪伴。

《Smart 智富》社長

林正峰

Chapter
1

# 新手入門
## 建立基礎概念

## 1-1 兼具股票、基金特色 被動追蹤指數表現

近年來市場上最夯的投資工具非 ETF 莫屬！不只全球市場的 ETF 規模屢創新高，台灣的 ETF 資產總額和數量也是一路攀升，截至 2024 年 6 月底為止，台灣的 ETF 規模已經突破了 5 兆 2,918 億元，跟 7 年前（2017 年）的 3,000 億元規模相比，成長幅度超過 17 倍！ETF 究竟有什麼魔力，為什麼人人都在買？

ETF 的正式名稱是「指數股票型基金」（Exchange Traded Fund，簡稱ETF）。只看名稱你可能還是一頭霧水，因為名稱中有「股票」，又有「基金」，它到底是股票還是基金？「指數」指的又是什麼？

其實，ETF 是一種兼具股票和共同基金（Mutual Fund）特性的投資工具，像共同基金一樣，ETF 由投信公司發行、管理及買進各種標的組成投資組合。不過，在交易方式上，ETF 卻又和一般股票一

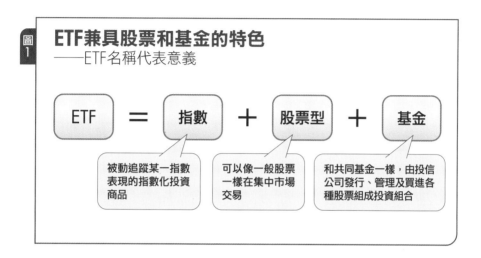

**圖 1**

## ETF兼具股票和基金的特色
——ETF名稱代表意義

ETF = 指數 + 股票型 + 基金

被動追蹤某一指數表現的指數化投資商品

可以像一般股票一樣在集中市場交易

和共同基金一樣，由投信公司發行、管理及買進各種股票組成投資組合

樣，可以在集中市場掛牌交易，代表只要在台股的交易時段，投資人都可以如同一般股票一樣買賣 ETF。

「指數」代表的意義則是 ETF 的最大特色——「被動式追蹤某一指數表現」（註 1，詳見圖 1）。一般共同基金的投資組合，是由基金經理人決定要買哪些股票、要買多少部位，但是，ETF 的投資組合內容則視其追蹤的指標指數內容而定，也就是說 ETF 的投資內容，不是由基金經理人「主動」決定，而是要依據追蹤指數「被動」調整，也就是追蹤指數有包含的成分股，ETF 才能持有，一旦追蹤

---

註 1：編按：本書泛指的 ETF 均為被動型 ETF。

指數將某檔成分股剔除或是降低持有比重，那麼 ETF 也要跟著調整，將該檔成分股賣出。

## 具備6大優勢，深受全球投資人青睞

以台灣最知名的 ETF ——元大台灣 50（0050）為例，元大台灣 50 追蹤的指數是「台灣 50 指數」，而台灣 50 指數是由台灣證券交易所與世界知名的富時指數公司（FTSE）合作編製，其成分股涵蓋台灣證券市場中市值前 50 大的上市公司。

因此元大台灣 50 這一檔 ETF 的持股內容就會是台灣市值前 50 大公司的股票，持有比重也是以台灣 50 指數為依據。當台灣 50 指數在每季進行成分股調整時，元大台灣 50 也才會隨之調整持有股票內容。也正因這樣特殊的設計，讓 ETF 擁有許多其他投資工具都沒有的諸多優勢，讓投資人能夠在更低的成本和風險之下，輕鬆參與市場上漲的機會，也使得 ETF 在全球市場廣受歡迎，成為近年來成長速度最快的投資產品。以下就來介紹 ETF 投資的 6 大優勢（詳見圖 2）：

### 優勢 1》投資成本低廉，交易稅僅需股票的 1/3

ETF 最吸引投資人的一大特色就是投資成本低廉！由於 ETF 採取

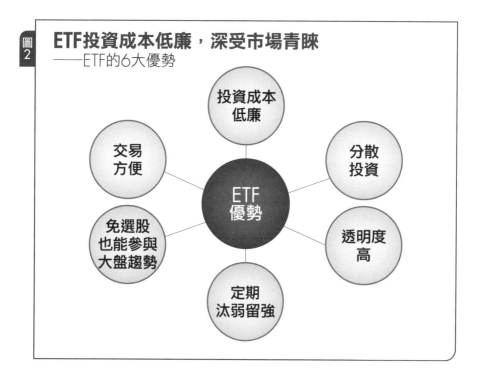

**圖2**

# ETF投資成本低廉，深受市場青睞
—— ETF的6大優勢

- 投資成本低廉
- 分散投資
- 透明度高
- 定期汰弱留強
- 免選股也能參與大盤趨勢
- 交易方便

ETF優勢

被動追蹤指數的管理策略，投資組合是依追蹤指數組成，相對之下，ETF 發行公司比起傳統基金公司，就不需要投入大量的分析人員研究個股，因此可以省下研究分析的費用，管理費用也就不用那麼高。

一般來說，股票型基金的管理費用約為每年 1.5%，債券型基金則約為 1%，但是投資台灣國內市場的 ETF 管理費都在 0.4% 以下，投資海外市場的 ETF 管理費雖然稍高，但是也多在 0.99% 之下。

除此之外，由於 ETF 採取被動式投資策略，投資組合是依照追蹤指數變動，因此買賣次數不會像主動式管理基金那麼頻繁，交易成本自然也就會降低。在交易成本方面，ETF 也是占盡優勢，比起共同基金交易時動輒 1.5% ～ 3% 的手續費，ETF 則與股票看齊，買賣時都只需要繳交 0.1425% 的手續費，比起基金低了許多。

雖然 ETF 和股票一樣在賣出時，都需要繳交證券交易稅，但是 ETF 在稅率方面也優於股票，股票賣出時的交易稅是 0.3%，但 ETF 只有股票的 1/3，只要 0.1%（詳見表 1）。

### 優勢 2》分散投資，風險波動度較低

當我們買進一張股票時，就代表我們投資一家公司，成為這家公司的股東，例如買台積電（2330）、鴻海（2317）、宏達電（2498）或中信金（2891）的股票，那我們就是公司的股東之一。若是這家公司很會賺錢、營運表現良好，那麼這張股票價格就有機會上漲，甚至是飆漲。

但是若這家公司決策錯誤、經營不善，或是爆出弊案，那麼這張股票的價格可能就會因此暴跌，甚至是下市成為壁紙。也就是說，一張股票的價格是隨著一家公司的營運表現而有所漲跌，當投資人籌碼都壓在同一家公司，要承受的風險自然就相對較高了。

表1

## ETF交易成本較股票和基金要低
——ETF vs.股票vs.共同基金交易成本

| 費用 | ETF | 股票 | 共同基金 | |
| --- | --- | --- | --- | --- |
| | | | 股票型 | 債券型 |
| 管理費用 | 國內：多在0.4%以下<br>國外：多在0.99%以下 | 無 | 多為1.5% | 多為1% |
| 交易手續費 | **買賣各0.1425%** | 買賣各0.1425% | 買時負擔2%～3% | 買時負擔1.5%～2% |
| 交易稅 | **0.1%** | 0.3% | 無 | 無 |

資料來源：各券商

　　就算明白「雞蛋不要都放在同一個籃子」的道理，知道要進行資產配置，多買進其他標的，但是現實中，我們往往投資資金有限，受限於資金不足而無法進行完整的資產配置、分散風險。但是ETF則不同，買進ETF等於是買進「完整的一籃子股票」，投資風險要比單純只買一張股票低得多了（詳見圖3）！

　　因為ETF是依據指數成分股組成的投資組合，所以一檔ETF至少會由數十檔，甚至是百檔以上標的所組成。以元大台灣50為例，買進1張元大台灣50就代表我們同時也買進了台積電、鴻海、聯

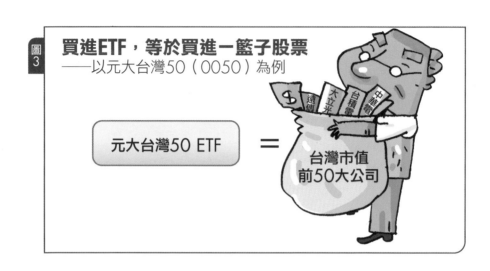

**圖3　買進ETF，等於買進一籃子股票**
——以元大台灣50（0050）為例

元大台灣50 ETF ＝ 台灣市值前50大公司

發科（2454）、台達電（2308）等台股中市值前50大公司的股票。

　　由於持股標的多，因此ETF較不會受到個別公司表現而影響績效，就算偶有部分成分股股價暴跌，整體ETF的價格也不至於大受衝擊，可有效降低個別公司所帶來的風險，也可以降低投資組合的波動性。

### 優勢3》透明度高，投資人可隨時查詢持股內容

　　ETF的投資標的和投資比重追隨指數，因此其持股相當透明化，投資人隨時都可以利用發行公司網站查詢ETF的持股內容，因此很簡單就可以了解一檔ETF所有持股內容，投資人對於投資標的的掌握度會更高，也更能安心。

### ETF的投資資訊較共同基金公開透明化
——ETF vs.共同基金投資資訊項目

| 投資資訊項目 | ETF | 共同基金 |
| --- | --- | --- |
| 管理方式 | 被動型管理 | 主動型管理 |
| 投資目標 | 貼近大盤指數績效 | 超越大盤指數績效 |
| 基金經理人對績效影響 | 低 | 高 |
| 投資組合透明度 | **高,每日公布所有持股** | 低,每月公布前5大或10大持股 |
| 持股分散度 | 高 | 不一定,取決於基金經理人投資風格,可高度集中亦可高度分散 |

相較之下,共同基金的選股內容則是由基金經理人決定,而且只會1個月1次公開向投資人揭露基金的前5大或者是前10大持股,其餘的投資標的、比重資訊等則不對外公開,資訊揭露度以及即時性比ETF要低得多(詳見表2)。

### 優勢4》定期汰弱留強,安全性相對高

ETF是追蹤指數投資一籃子股票,因此投資組合會隨著指數進行調整,而指數則會依據當初設定的條件,定期將符合條件、表現好的公司留下或是納入,並將不符合條件、表現轉壞的公司加以剔除。

這樣的機制，對ETF而言，等於定期機械化執行汰弱留強，能夠留在ETF投資組合中的都是符合標準的公司，ETF不太可能會踩到地雷，持有即將倒閉的公司，因此鮮少會發生倒閉的情況，投資ETF也較不用擔心血本無歸，安全性高（部分高槓桿型的ETF則有較高風險，須特別留意）。

### 優勢5》免選股也能參與大盤趨勢，減少選股錯誤風險

在過去，許多投資人往往在看好市場時進場投資，大盤也的確如預期上漲，但投資人卻不見得都能賺到錢。原因就出在他們選錯了個股！

因為就算大盤整體趨勢看好，但是個股很有可能因為個別因素，而沒有受到大盤帶動、隨之上漲，此時投資人就算看多後市、積極參與市場，也不見得能夠獲利。

但現在有了ETF這個投資工具，當我們看好台股大盤後市時，我們可以簡單的運用ETF就能參與大盤的上漲，避免選股的風險和困難。因為ETF的設計，旨在貼近指數的表現，因此只要大盤上漲，ETF的價格勢必就會隨之上揚（詳見圖4），對於投資人來說，投資ETF是參與大盤漲跌輕鬆又省事的方式，不用再去辛苦研究個別公司的財報，還背負可能選股錯誤的風險。

### 元大台灣50走勢高度貼近台股大盤
──元大台灣50（0050）vs.台灣加權指數走勢

註：資料日期為2020.09.14～2024.08.05　　資料來源：XQ全球贏家

## 優勢6》交易方便，利用手機就能即時買賣

　　ETF 交易方式就跟股票一樣，投資人只要申請好證券戶，就可以在台股交易時間上午 9 時到下午 1 時 30 分之間交易，這段時間內隨時可利用電腦或手機看盤軟體，看到 ETF 的即時變動報價，若想要買進或賣出，只要利用下單軟體或打電話給營業員就能輕鬆完成。

　　買基金時，投資人必須在扣款帳戶中先存入要投資的金額，才能成功交易；賣出基金時，因淨值計算等因素，國內基金大多要 3 ～ 4 個營業日，款項才會入帳，若是境外基金，贖回時間更可能長達

## ETF交易流程與股票相同
### ——ETF vs.股票vs.共同基金交易項目

表3

| 交易項目 | ETF | 股票 | 共同基金 |
|---|---|---|---|
| 交易管道 | 可掛牌上市，除了可在銀行、投信等銷售機構買賣，亦可在集中市場直接買賣 | 在集中市場直接買賣 | 不可掛牌上市，須透過銷售機構申購、買賣 |
| 交易方式 | 可在交易時間內連續交易 | 可在交易時間內連續交易 | 單日只能單次交易 |
| 價格變動 | 盤中即時變動 | 盤中即時變動 | 依每日收盤受結算的淨值定價及交易 |
| 資金準備 | 交易成功後，T＋2日內存入交割戶即可 | 交易成功後，T＋2日內存入交割戶即可 | 下單前，扣款帳戶須先存入足夠資金 |
| 信用交易 | 可 | 可 | 不可 |

7 個營業日。但 ETF 交易流程與股票相同，是成交之後的 T＋2 日才會扣款，因此不需要在下單之前就先存好交易資金；同樣地，賣出 ETF 後，款項也會在 T＋2 日入帳（詳見表3）。

## 投資ETF仍須留意4大風險

　　儘管 ETF 具備如低成本、透明度高、分散標的等投資優勢，但這

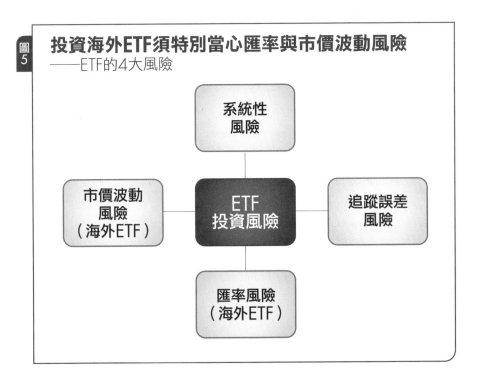

**圖5** 投資海外ETF須特別當心匯率與市價波動風險
——ETF的4大風險

並不代表投資 ETF 就全然無風險。投資人若想要投資 ETF，還是有以下 4 大風險需要面對（詳見圖 5）：

### 風險 1》發生系統性風險，就算分散持股也會受衝擊

雖然 ETF 已經透過一籃子組合，藉由分散投資標的，降低個別標的價格波動或是個別企業營運惡化對整體投資帶來的影響和風險。但是市場風險可以區分為兩大類：一類為可以透過分散持股降低的

「非系統性風險」；另一類則是無法利用分散持股降低，會影響全市場的「系統性風險」，如 2008 年金融海嘯，也因此一旦系統性風險發生時，縱使 ETF 已經分散持股，但也仍難免受到短期的衝擊。

## 風險 2》淨值與對應指標指數產生的追蹤誤差

ETF 的設計是以追蹤指標指數為目標，也就是說會希望盡量貼近指數的報酬表現，但是 ETF 實際運作時，其淨值與對應的指標指數走勢卻可能會存在一定的誤差，這就是所謂「追蹤誤差風險」。

追蹤誤差產生的原因之一，在於 ETF 為了要產生與指標指數相同的組合時，必須要負擔過程中產生所必要的成本和費用，例如交易手續費、交易稅、管理費用等等，這些費用和成本就會使得 ETF 和指標指數報酬之間出現落差。

另一個產生追蹤誤差的原因，則是 ETF 必須要跟隨指標指數成分股調整持股，但是有時候發行 ETF 的公司可能會因為市場因素，無法即時調整持股，就會使得指標指數報酬和 ETF 報酬之間產生差距（詳見 3-1）。

## 風險 3》投資海外 ETF 可能因匯率變動而有所損益

ETF 的匯率風險主要是發生在投資海外市場的 ETF。隨著國內 ETF

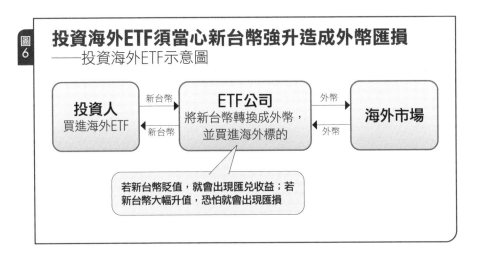

**圖6**

## 投資海外ETF須當心新台幣強升造成外幣匯損
——投資海外ETF示意圖

| 投資人<br>買進海外ETF | →新台幣→<br>←新台幣← | ETF公司<br>將新台幣轉換成外幣，<br>並買進海外標的 | →外幣→<br>←外幣← | 海外市場 |

若新台幣貶值，就會出現匯兌收益；若新台幣大幅升值，恐怕就會出現匯損

市場蓬勃發展，ETF 的標的早已不限於國內市場商品，現在市場上更有包括陸股、日股與美股等投資海外市場的 ETF。

除非海外 ETF 採取匯率避險設計，否則這類投資海外市場的 ETF，因為不再是以新台幣直接進行投資，而是需要兌換成當地貨幣才能進行投資，此時，投資人就必須要面對匯率風險（詳見圖6）。

若是新台幣升值幅度勝過外幣，則投資人勢必就會因為新台幣的強勢而面臨匯損，有時候海外 ETF 甚至可能出現賺了指數報酬，卻賠了匯差的狀況，因此要投資海外市場 ETF 前，建議投資人要先對匯率狀況有所了解。

## 風險 4》投資海外 ETF 容易因時差造成市價波動

市價波動風險主要也是發生在投資海外市場的 ETF。因為全球市場存在著時差，台灣市場的交易時間自然無法與海外市場完全一致，因此若是台灣市場收盤後，海外發生重大事件，造成市場價格大幅波動、修正的話，那麼投資海外市場的 ETF 將無法立即反映，造成在台灣上市、投資海外市場的 ETF 延遲反映市價。

# 1-2 依資產類別、報酬類型簡單搞懂6種ETF商品

作為當今全球最流行的投資工具，近年來全球 ETF 產品數量呈現爆炸性成長，不僅可投資的 ETF 數量有上千檔，連結的商品更是琳瑯滿目。光是在台灣，目前（截至 2024 年 8 月 7 日止）可供投資人選擇的 ETF 就至少有 250 檔以上！

但這麼多 ETF，你知道該投資哪一種嗎？什麼是原型 ETF？什麼是槓桿型、反向型 ETF？別擔心，本章就來教你如何分辨 ETF 種類，了解不同型態的 ETF，在投資前先來好好認識這些 ETF 的投資內容、商品特色，就能幫助你判斷哪一檔才是你理想中的 ETF！

## 依資產類別區分》可依需求建構股債資產組合

全球 ETF 市場發展至今，幾乎所有的資產類別都有相對應的 ETF 產品，而台灣 ETF 發展的歷史雖然比起全球仍短，但是目前國內已

經推出的 ETF 的產品線也已算是相當完整，投資人光是靠著投資 ETF，就足以建構一個涵蓋股債資產的全球投資組合。以下介紹投資人最常接觸的 3 種 ETF 資產類別：

## 股票 ETF》追蹤全球各股市指數

顧名思義，股票 ETF 指的就是投資標的為「股票」的 ETF，這類 ETF 會模擬追蹤指數的股票組成內容，買進相同公司的股票並依據比重分配。股票 ETF 可以依照投資區域範圍，再細分成全球型、區域型、單一市場型及產業型（詳見圖 1）：

**1. 全球型股票 ETF**：投資範圍包含全球的股票市場，投資這樣的股票型 ETF，對投資人來說，可以說是最省事以及風險最低的選擇！因為買進 1 張全球型股票 ETF 就等於投資全世界，而且因為投資標的極多，且分散於全球各股票市場與各種產業中，因此投資風險比起區域型、單一國家型和產業型股票 ETF 都要低。

目前規模最大、最知名的全球型股票 ETF 有 Vanguard 全世界股票 ETF（VT）和 iShares MSCI 全世界 ETF（ACWI）。Vanguard 全世界股票 ETF 投資標的超過 9,800 檔，包括已開發市場、新興市場等超過 40 個投資市場，管理資產規模達 493 億美元（截至 2024 年 6 月 30 日）；iShares MSCI 全世界 ETF 則以已開發市場

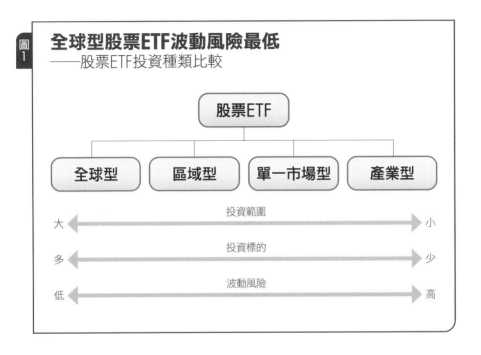

**圖1** **全球型股票ETF波動風險最低**
——股票ETF投資種類比較

為主，布局全球逾 14 個股票市場，投資標的超過 2,000 檔，管理資產約 182 億美元（截至 2024 年 7 月 31 日）。

2. **區域型股票 ETF**：意指投資範圍以區域為限的 ETF，例如歐洲、大中華區、亞太市場、東協市場、新興市場等。區域型股票 ETF 投資範圍比起全球型股票 ETF 要更為限縮，投資標的數量也較少，而波動度則普遍較全球型股票 ETF 要高。區域型股票 ETF 中依市場成熟度不同，波動度也會有所差異（詳見表 1），以新興市場國家為

主的區域型股票 ETF（如東協市場股票 ETF），波動度多半會高於以成熟市場為主的股票 ETF（如歐洲股票 ETF）。

新興市場具代表性的區域型股票 ETF 有 Vanguard 富時新興市場 ETF（VWO）和 iShares MSCI 新興市場指數 ETF（EEM）；成熟市場則有 Vanguard 富時歐洲 ETF（VGK）、主要投資於太平洋地區成熟經濟體的 Vanguard 富時太平洋 ETF（VPL）。在台灣，投資人若想投資歐洲成熟市場，也可以選擇追蹤歐洲 STOXX 50 指數的元大歐洲 50（00660）。

**3. 單一市場型股票 ETF**：投資範圍就是只以一國股市為限，這種單一市場型股票 ETF，因投資配置更為集中，因此投資波動要更高於區域型股票 ETF，但是相對地，也較有可能賺取更高的報酬率。

台灣投資人最為熟知的「0050」，也就是元大台灣 50，就是一檔專注投資台灣股市中市值前 50 大公司的單一市場型股票 ETF。

除了像 0050 這樣的台股 ETF 之外，台灣現在推出的單一市場型股票 ETF 其實選擇相當多，包括美股、日股、陸股、韓股，甚至印度股市的 ETF，在台灣都買得到，而且有些市場依照追蹤的指數不同，甚至還有多檔 ETF 可以選擇（詳見表 2）。

表1

## 新興市場區域型股票ETF的報酬與風險波動度較高

——新興市場vs.成熟市場區域型股票ETF

| 項目 | 新興市場區域型股票ETF | 成熟市場區域型股票ETF |
|---|---|---|
| 預期報酬率 | 較高 | 較低 |
| 風險波動度 | 較高 | 較低 |
| 代表性ETF | 拉丁美洲股票ETF、東協股票ETF、亞洲新興市場ETF等 | 歐洲股票ETF、北美股票ETF等 |

**4.產業型股票 ETF**：追蹤的是某一特定的產業指數，投資範圍限制於單一產業股票上，例如生技、能源、科技、金融類股等等。

這類 ETF 因為都是投資於同一個特定產業，標的之同質性極高，因此會同樣受到景氣循環或是政策調整影響，一旦景氣處於上升期或是政策有利於該產業時，產業型股票 ETF 就能出現明顯的上漲報酬；反之，當景氣陷入衰退或是政策不利於該產業時，虧損幅度也會相當驚人，因此產業型股票 ETF 的風險波動度，會比其他類型的股票型 ETF 都要大。

## 債券 ETF》獲取長期穩定利息收益

債券 ETF 就是讓投資人用小錢，也能輕鬆買進一籃子債券的投資

| 表2 | **運用ETF，在台灣就可布局全球多個市場**<br>——台灣核備銷售的單一市場型股票ETF |
|---|---|

| 標的指數<br>所在市場 | ETF（代碼） |
|---|---|
| 美國 | 元大S&P500（00646）、富邦NASDAQ（00662）、國泰美國道瓊（00668）、永豐美國500大（00858） |
| 日本 | 富邦日本（00645）、國泰日經225（00657）、元大日經225（00661）、復華日本龍頭（00949）、台新日本半導體（00951） |
| 中國 | 元大寶滬深（0061）、富邦上証（006205）、元大上證50（006206）、復華滬深（006207）、國泰中國A50（00636）、富邦深100（00639）、群益深証中小（00643）、富邦恒生國企（00700）、台新MSCI中國（00703）、元大MSCI A股（00739）、中信中國50（00752）、富邦中証500（00783）、復華中國5G（00877）、中信中國高股息（00882）、永豐中國科技50大（00887） |
| 韓國 | 國泰臺韓科技（00735） |
| 印度 | 富邦印度（00652） |

註：1. 此表只列出原型 ETF；2. 資料統計至 2024.07.31

工具！當政府或是企業需要資金時，就可以透過發行債券取得資金，而投資人透過買進債券，就可以獲得長期穩定的債券利息收益。且相較於股票，債券雖然預期報酬較低，但是風險波動度也低，投資人若在資產配置中持有債券，具有降低整體投資風險的效果。

圖2

**非投資等級債ETF報酬雖高，但波動風險也高**
——債券ETF投資種類比較

儘管在資產組合中配置債券，有利於控制風險，但是債券的投資門檻非常高，對一般小額投資人來說，根本買不起，更遑論是要自己研究買進多檔債券，來組成一個分散的債券投資組合。在這樣的情況之下，債券 ETF 就是因應之道，因為其具有被動追蹤指數、買進一籃子債券的特性，因此能讓小額投資人輕鬆參與債券市場。債券 ETF 主要可分為公債、投資等級債、新興市場債及非投資等級債等４種（詳見圖２）：

1. **公債 ETF**：追蹤的多是成熟國家的公債指數，投資標的都是成

熟國家所發行的公債，這類標的由國家作為擔保，違約風險、波動度最低。現在台灣的 ETF 產品中，包括元大、國泰、富邦等投信，都有發行不同年期的美國公債 ETF。

2. **投資等級債 ETF**：追蹤投資等級債指數，只投資於債信評等在標準普爾 BBB 等級（含）以上的公司債，相較於非投資等級債，信用品質較高，違約率較低，但波動和報酬也較低。

3. **新興市場債 ETF**：主要投資標的是新興國家所發行的主權債跟公司債，由於新興市場的信評皆低於成熟國家，因此新興市場債 ETF 的風險會高於公債 ETF。

4. **非投資等級債 ETF**：追蹤非投資等級債券指數的非投資等級債 ETF，鎖定在信用評等低於標準普爾 BBB 等級之下的投資標的，因信用評等低，違約風險高，因此會給予投資人相對高的債券利息。

## 期貨 ETF》可直接布局原物料市場

一般的 ETF 是利用買進一籃子股票、債券的方式來追蹤指數，期貨 ETF 則是靠著投資期貨契約的方式，來追蹤期貨指數的表現。原物料的主要投資管道就是期貨合約，而期貨 ETF「商品證券化、期貨現貨化」的特色，讓投資人不須再額外開期貨交易帳戶，也不用

自己操作期貨標的,就能投資黃金、原油、農產品等原物料,參與原物料市場漲跌。

　　過去投資人若想要投資原物料,大多是透過投資相關主題共同基金的方式,但這些共同基金是透過買進原物料公司的股票來參與市場,因此其實還是投資在原物料公司上,等於是間接投資,並非直接交易原物料。在現實中,除了黃金可以利用買進金塊或是黃金存摺,實際持有實體黃金投資外,其他像是原油、天然氣、農產品等,因為倉儲、保存的緣故,一般人根本不可能買進實物投資。

　　若是直接買進原物料相關期貨,則投資人不僅需要每月將合約轉倉,還要留意維持保證金是否不足,若不足,則需要將資金補足到原始保證金之上(詳見表3)。但若是利用期貨ETF布局原物料市場,對投資人來說,則等同於是買現貨股票一樣,不需要將合約轉倉,也沒有被追繳保證金的壓力,而且期貨管理的問題可以統統都交給專業經理人煩惱。

## 依報酬類型區分》風險承受度高可選槓桿型ETF

　　ETF除了可依資產類別區分之外,還可以依照反映「報酬」的方式不同,簡單區分為原型ETF、槓桿型ETF、反向型ETF這3類:

## 用期貨ETF布局原物料，不需被追繳保證金
——期貨vs.期貨ETF交易項目

| 交易項目 | 期貨 | 期貨ETF |
|---|---|---|
| 交易管道 | 期貨市場 | 證券市場 |
| 交易單位 | 1口 | 1股 |
| 保證金 | 須高於維持保證金，否則就需要將資金補足到原始保證金之上 | 無 |
| 合約期限 | 合約有到期期限，想持續持有則須轉倉 | 合約無到期期限，可長期持有 |

### 原型 ETF》走勢貼近追蹤指數，適合長抱

　　原型 ETF 是 ETF 最原始的型態，也就是以持有與追蹤指數相同的成分股為主，報酬率追求貼近指數績效，也就是說，當追蹤指數上漲 5% 時，理論上，原型 ETF 的報酬率也跟著上漲 5%；反之，當追蹤指數下跌時，原型 ETF 也會以相同的幅度下跌（實務上，每日仍會有些許誤差，但通常流通量大的 ETF 或較負責任的發行商所發行的 ETF，其每日波動大多會貼著所追蹤的指數）。台股目前較熱絡的原型 ETF，包括元大台灣 50、元大高股息（0056）、富邦台50（006208）等。

　　雖然大家都希望能夠靠著選股投資成為市場贏家，但主動操作者

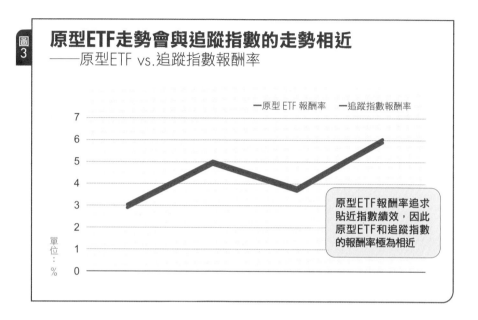

**圖3** 原型ETF走勢會與追蹤指數的走勢相近
——原型ETF vs.追蹤指數報酬率

——原型 ETF 報酬率　——追蹤指數報酬率

原型ETF報酬率追求貼近指數績效,因此原型ETF和追蹤指數的報酬率極為相近

單位:%

的績效要長期贏過大盤指數並不容易,因此被動追蹤大盤指數表現的 ETF,對一般投資人來說,是相當理想的長期投資選擇,但還是要挑選持有現貨、貼近追蹤指數報酬,且指數長線趨勢向上的原型 ETF,才是長期投資的合適選擇,也才能讓投資人享有 ETF 帶來的複利效果(詳見圖 3)。

## 槓桿型 ETF》看對市場上漲趨勢,以小搏大

所謂槓桿型 ETF,就是一種能夠把指數報酬率「加倍奉還」,放大指數報酬率的 ETF 產品,具備以小搏大的「槓桿效果」,能夠幫

助投資人在看對市場上漲趨勢時，賺取勝過大盤的超額利潤。

目前在全球ETF市場，有2倍槓桿型ETF和3倍槓桿型ETF，但在台灣目前核准上市的只有2倍槓桿型ETF。以2倍槓桿型ETF為例，若是追蹤指數報酬上漲2%，那麼2倍槓桿型ETF預期就能夠上漲約4%，是追蹤指數報酬的2倍；反之，當追蹤指數報酬下跌時，2倍ETF的損失也大約會是2倍（詳見圖4）。

要知道一檔台灣上市的ETF是不是槓桿型ETF，投資人可以簡單從ETF的名稱分辨，只要ETF名稱上有「正向2倍報酬」，或是簡稱中有「正2」或是「2X」的，就代表是2倍槓桿型ETF。

## 反向型ETF》與追蹤指數走勢相反，可用來避險

反向型ETF的操作策略則與槓桿型ETF相反，是跟追蹤指數對作的ETF。也就是當追蹤指數上漲時，反向型ETF是下跌；反之，當追蹤指數下跌時，反向型ETF卻會上漲。

在國際上，反向型ETF有2倍、甚至是3倍的產品，但在台灣目前只有反向1倍的產品。以1倍反向型ETF為例，若是追蹤指數當天下跌1%時，反向型ETF就預期將上漲1%；反之，若追蹤指數上漲1%，則反向型ETF將下跌1%（詳見圖5）。

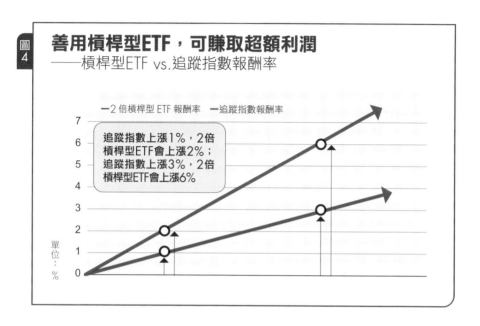

正因為反向型 ETF 報酬與追蹤指數相反的特性，因此反向型 ETF適合用來避險或做空操作。若是投資人認為某個市場有回檔風險，但手上長期持有的股票不願意為了短期風險賣出，那麼此時就可以藉著買進反向型 ETF，來規避大盤下跌的風險；或只是單純看空市場，也可以選擇投資反向型 ETF 來從中獲利。而且利用反向型 ETF做空的好處在於，反向型 ETF 不像期貨有追繳保證金、斷頭的風險，也沒有合約到期、需要轉倉的壓力。

同樣地，投資人也可以光看 ETF 的名稱就辨別出這是不是一檔反

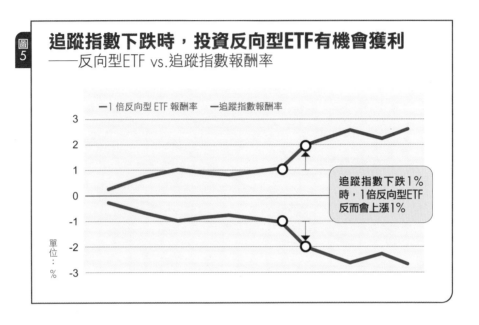

**圖5**

## 追蹤指數下跌時，投資反向型ETF有機會獲利
——反向型ETF vs.追蹤指數報酬率

— 1倍反向型 ETF 報酬率 — 追蹤指數報酬率

> 追蹤指數下跌1%時，1倍反向型ETF反而會上漲1%

單位：%

向型 ETF，只要名稱有「反向 1 倍報酬」或是簡稱有「反」、「反1」就代表是 1 倍反向型 ETF。

但要提醒的是，無論是槓桿型、反向型 ETF，都只適合短期交易，並不適合長期持有，因為有別於傳統型 ETF，這 2 類 ETF 的報酬都是每日結算，以單日為基準，最適合在市場趨勢明顯時使用，且因其每日複利的效果，若做錯方向，損失會加速擴大，需要特別留意。

另外，因為槓桿型與反向型 ETF，通常是以購買期貨合約的方式

來模擬指數波動，而期貨合約每月會有轉倉的潛在成本，雖然投資人不必自己操作，但長期下來仍會侵蝕淨值，影響報酬率，因此當指數處於盤整階段時，就不適合押注槓桿型、反向型 ETF。

# Chapter 2 掌握規則
## 提高投資勝率

## 2-1 備妥相關文件 快速搞定開戶

　　ETF 對於許多投資人來說，有著容易上手的優點，想要開始參與 ETF 的買賣一點也不困難，只要至證券商開設一個證券戶，就可以開始進行交易。以下就依開戶管道、方式，教導想投資 ETF 的投資人跨出第一步。

### 開啟電子交易功能，手機App下單快、狠、準

　　過去有買賣股票經驗的投資人，一定都有至證券商開設戶頭的經驗。而買賣 ETF，同樣也是使用證券戶。還未開設證券戶的投資人也不必擔心，申請過程其實非常簡單。

　　首先在挑選證券商時，投資人可以依「手續費折扣優惠」和「方便性」兩點，選擇適合自己的證券商。接著就只要備齊相關文件（詳見圖 1），即可至證券商臨櫃辦理。

## 開立證券戶前，須先開立交割帳戶
——開戶必備4文件

**開戶準備文件**

1. 身分證
2. 第2身分證明文件
   （健保卡、駕照等）
3. 印章
4. 該券商配合的交割銀行存摺

註：若為境內華僑或外國人，則需備妥護照正本及居留證正本，且僅受理臨櫃開戶

　　如果是想幫家中的小孩開戶，還須攜帶「戶口名簿」（當小孩尚無身分證時），且需要父母一方帶著雙方的證件臨櫃開戶（若小孩未滿７歲，則本人無需到場）。如果無法配合證券商的開戶時間，現在有許多營業員，也願意配合投資人方便的地點協助開戶，像是公司、住家等。完成開戶之後（詳見圖２），投資人就會拿到１本「證券集保帳戶」的存摺，記錄股票買賣交易與持有股數。

　　開戶準備的文件中，需要有與該券商配合的銀行「交割帳戶」，未來買賣股票的金流都會透過此帳戶進行。舉例來說，買進股票的資金，會從該帳戶中扣款；賣出股票的所得、現金股利等，也會匯至該戶頭裡。投資人可在開設證券戶前，先向證券商詢問配合的銀

行，並事先至銀行開設交割戶，或者某些證券商可在開設證券戶時同時辦理開設交割戶，務必先問清楚喔！

由於現在交易方式多元，投資人可以用電腦或是手機 App 直接下單，在開設帳戶時，要記得一併申請電子交易的功能。完成開戶手續之後，投資人就可以收到電子交易的帳號與密碼。

另外，有部分券商提供線上開戶的服務，只是要留意線上開戶，限定須滿 18 歲以上的中華民國國民，才能夠使用。而券商多會利用視訊、錄影或是自然人憑證等方式，驗證申請人的身分，因此在線上開戶之前，就要準備好相關文件與硬體設施，例如雙證件、銀行交割帳戶的存摺，並確認電腦、手機錄影功能正常等等，以免開戶失敗。

## 想投資槓桿、反向ETF，須符合3條件

有了證券戶之後，投資人就可以開始交易 ETF。不過，投資人可能會發現，為什麼有部分的 ETF 商品不能交易呢？再進一步檢視，就會發現不能買的標的，都是像元大台灣 50 反 1（00632R）、富邦上証正 2（00633L）等槓桿、反向的 ETF。其實，欲投資槓桿與反向 ETF，除了要有證券戶以外，還必須同時符合 3 項條件（詳

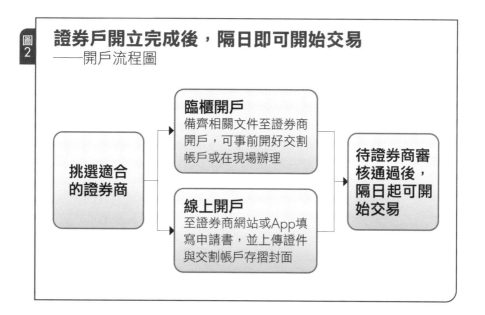

**圖
2**

## 證券戶開立完成後，隔日即可開始交易
──開戶流程圖

挑選適合
的證券商

**臨櫃開戶**
備齊相關文件至證券商
開戶，可事前開好交割
帳戶或在現場辦理

**線上開戶**
至證券商網站或App填
寫申請書，並上傳證件
與交割帳戶存摺封面

待證券商審
核通過後，
隔日起可開
始交易

見圖3）。

　第1項條件，是必須要簽署「槓桿反向指數股票型基金受益憑證買賣風險預告書」。這是因為槓桿、反向ETF的報酬方式，與原型ETF有所差異，投資人在交易之前，應該要理解其風險。而風險預告書可選擇臨櫃，或是線上直接簽署。

　第2項條件，則是要符合以下3種情況之1：1.已開設證券信用交易帳戶；2.近1年買賣權證成交10次以上；3.近1年買賣期

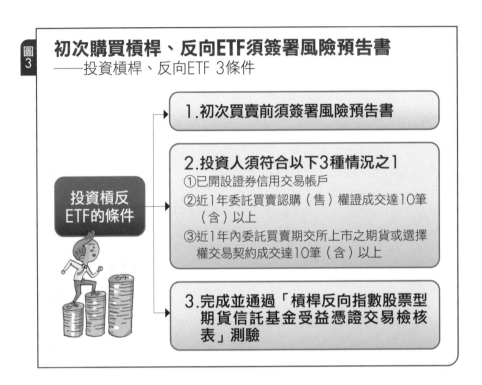

**圖3**

## 初次購買槓桿、反向ETF須簽署風險預告書
——投資槓桿、反向ETF 3條件

**投資槓反ETF的條件**

**1.初次買賣前須簽署風險預告書**

**2.投資人須符合以下3種情況之1**
①已開設證券信用交易帳戶
②近1年委託買賣認購（售）權證成交達10筆（含）以上
③近1年內委託買賣期交所上市之期貨或選擇權交易契約成交達10筆（含）以上

**3.完成並通過「槓桿反向指數股票型期貨信託基金受益憑證交易檢核表」測驗**

貨或選擇權交易契約成交10次以上。如果投資人沒有交易權證或期貨的經驗，也可選擇申辦證券信用交易帳戶。

第3項條件，則是證交所於2021年12月31日起增訂實施的規定，即完成「槓桿反向指數股票型期貨信託基金受益憑證交易檢核表」測驗，並須全部答對才算正式獲得資格；測驗方式得採線上、當面、郵寄、傳真或電子郵件等。

想要開設證券信用交易帳戶，申請者需開設證券戶滿 3 個月，並滿足以下 3 個條件，才可以至證券商櫃台辦理：

　　1. 年滿 20 歲有行為能力之中華民國國民。

　　2. 近 1 年委託買賣成交滿 10 筆以上，且累計成交金額要達申請額度的 50%。

　　3. 近 1 年所得與各種財產總計達申請額度的 30%，申請金額 50 萬元以下免附所得或各種財產之證明文件。

　　證券信用交易帳戶的額度，代表可融資、融券的額度，最低為 50 萬元，上限則依各證券商而異。舉例來說，想申請 100 萬元額度的信用交易帳戶，近 1 年的累計成交金額需達 50 萬元、財力證明需達 30 萬元。而財力證明的項目，包括自己、配偶、父母與成年子女的不動產權狀、近 1 個月存款證明與持有 3 個月以上的有價證券證明。

## 2-2 注意5交易規則 買賣ETF更順利

有了自己的證券戶之後，投資人便可以開始買賣 ETF。儘管 ETF 同樣是用證券商提供的軟體或網頁下單，交易時間也和股票相同，但仍要注意有不同於股票的交易規則。搞懂 5 個交易 ETF 的規則，才能讓自己在交易的過程中更順利。

### 規則1》交割時間為T＋2日，與股票相同

買賣 ETF 的時候，同樣是透過證券交易所進行買賣，對於一般投資人來說，就和股票買賣一樣，向證券商下單即可（詳見圖 1）。而 ETF 還有一種比較特別的交易方式，稱為「實物申購／贖回」（詳見名詞解釋），但多為機構法人才會操作。

不過，ETF 並不是隨時都可以交易，必須要在規範的時間內，才能進行買賣。ETF 的交易時間，比照台灣股市的開盤時間，為星期

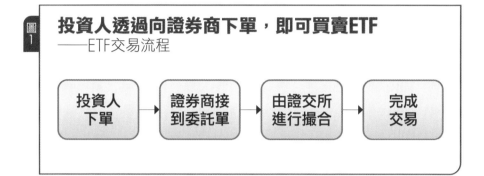

圖1 **投資人透過向證券商下單，即可買賣ETF**
——ETF交易流程

投資人下單 → 證券商接到委託單 → 由證交所進行撮合 → 完成交易

一至星期五的上午 9 時開盤，至下午 1 時 30 分收盤，週末與國定假日則為休市，不能進行交易。

除了交易時間和股票相同之外，ETF 的交割過程，也必須要遵守「T＋2」日（詳見圖 2）。什麼是「T＋2」日呢？

首先，成功交易的當天就稱為「T日」，而投資人買進 1 張股票之後，最晚須在成交的後 2 個工作天上午 10 時之前，把成交價錢

💰 **名詞解釋**

**實物申購／贖回**

由於 ETF 具有「一籃子」股票的特性，因此所謂的實物申購，就是拿著與該 ETF 成分股相同、權重也一樣的股票，就可以交換到等值的 ETF。同理，實物贖回就是指賣出時，並非拿回成交價金，而是拿到這一籃子股票。

加上手續費，匯進銀行交割帳戶內以供扣款；同樣的，賣出 1 張股票可以獲得的價金，也會在成交後 2 天匯入銀行交割帳戶。

提醒投資人，千萬不得輕忽匯款時間的重要性。尤其是在買進時，若在 T ＋ 2 日的上午 10 時後，投資人於銀行交割帳戶內的金額不足，則這筆交易就會被視為「違約交割」。

違約交割對投資人來說，可能會帶來民事、刑事與行政上的責任。根據《台灣證券交易所股份有限公司證券經紀商受託契約準則》，民事上，投資人無法確實履行交割責任的時候，證券商可向投資人收取違約金，最高可收取該筆成交金額的 7%，甚至可以賣掉投資人帳戶中的股票，作為違約債務與費用的補償，假設上述的方式，還是不夠彌補違約債務與費用的話，證券商有權向投資人追償。

而在刑事上的責任，假設這次的違約交割，對於市場秩序來說，會產生重大影響，檢察官可依違反證券交易法起訴投資人，投資人就有可能面對 3 年以上、10 年以下的有期徒刑。

最後在行政上的責任，投資人用於買賣的交易帳戶，則會遭到註銷。如果投資人本次違約紀錄未結案，且未滿 5 年時，不得再另外申辦證券交易帳戶。

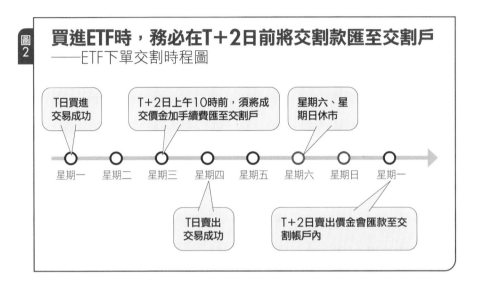

**圖2** 買進ETF時，務必在T＋2日前將交割款匯至交割戶
——ETF下單交割時程圖

T日買進
交易成功

T＋2日上午10時前，須將成
交價金加手續費匯至交割戶

星期六、星
期日休市

星期一　星期二　星期三　星期四　星期五　星期六　星期日　星期一

T日賣出
交易成功

T＋2日賣出價金會匯款至交
割帳戶內

除了上述責任之外，若發生違約交割也會在投資人的聯合徵信系統當中，留下不良紀錄，影響到投資人的信用評等，未來若要向銀行申請貸款等業務時，有可能面臨到貸款金額低、甚至無法貸款的情況。

## 規則2》國外成分ETF須留意交易時間差異

ETF的檔數逐漸增加，追蹤的標的指數也愈來愈多元，舉例來說，陸股、美股、日股等，都有相對應的ETF商品。不過，投資這些國外成分ETF，就要留意交易時間上的差異。

**表1**

| 各國股市 | 開盤、收盤時間（台灣時間） |
|---|---|
| 中國股市 | 上午9時30分至11時30分<br>下午1時至3時 |
| 香港股市 | 上午9時30分至12時<br>下午1時至4時 |
| 日本股市 | 上午8時至10時30分<br>上午11時30分至下午2時 |
| 美國股市 | 晚上9時30分至上午4時（4月～10月夏令時間）<br>晚上10時30分至上午5時（11月～3月冬令時間） |

**國外成分ETF因交易時間不同，市價易受影響**
——中國、香港、日本、美國股市交易時間

　　由於各個國家的股市交易時間，不一定與台灣相同，加上時區的關係，ETF的市價、淨值就可能會產生大幅落差（詳見表1）。以同樣時區的陸股為例，台股的交易時間為上午9時至下午1時30分，而陸股則為上午9時30分開盤，至11時30分後暫時休盤，下午1時再開盤，至下午3時收盤。

　　如果陸股在台灣股市收盤後，市場上發生了重大變化，追蹤陸股的ETF須等到隔天開盤時，才能一次反映與調整。因此，若手中持有國外成分ETF的投資人，就要留意會有無法即時反映的缺點，以及可能會產生的風險。

**圖3** 國內成分槓反ETF，須依照其倍數乘以漲跌幅限制
——國內發行各類ETF漲跌幅限制

| 國內成分原型ETF | ◎例如：元大高股息（0056）、富邦公司治理（00692）<br>◎比照台灣股市漲跌幅為10% |
|---|---|
| 國內成分槓反ETF | ◎例如：元大台灣50反1（00632R）、國泰臺灣加權正2（00663L）<br>◎依台灣股市漲跌幅限制10%×報酬倍數 |
| 國外成分ETF | ◎例如：富邦深100（00639）、元大日經225（00661）<br>◎無漲跌幅限制 |

## 規則3》國內成分原型ETF有10%漲跌幅限制

　　ETF的價格，會隨著追蹤的指數而上上下下波動，就如同股票一樣，ETF也有所謂的漲跌幅限制（詳見圖3）。而每檔ETF漲跌幅的限制，與其追蹤指數相同，假設投資人買進的是國內成分原型ETF，如元大台灣50（0050），其最大漲跌幅，就會比照大盤為10%。

不過，當投資人持有的是國外成分ETF時，則不會有漲跌幅的限制，舉例來説，雖然陸股的漲跌幅為10%，但如果投資人買進在台灣上市的富邦上証（006205），每天的股價波動，就不會受到10%的限制。至於國內成分槓桿及反向ETF（槓反ETF），漲跌幅限制則須以原本的10%乘上該ETF的報酬倍數，以元大台灣50正2（00631L）為例，其漲跌幅限制便會是20%。但如果是國外成分的槓反ETF，同樣沒有漲跌幅上的限制。

另外，近年盛行投資國外發行的ETF，像是有許多投資人，會選擇直接在國外券商開戶。若交易的ETF，是在其他國家證券交易所掛牌上市，則會依照該國家證交所的漲跌幅規定。舉例來説，申辦了1個可在美國股市交易的帳戶，由於美國股市沒有漲跌幅限制，因此持有在該市場掛牌的ETF，就不會有漲跌幅限制。

所以投資人要小心，如果想選擇的ETF，是沒有漲跌幅限制的標的，未來下單時，應以限價單的方式出價（詳見2-4），以免發生買在極高點或賣到極低點的情況，造成極大的烏龍損失。

## 規則4》長期投資前，宜先確認ETF是否配息

ETF具有分散風險、且會定期更換成分股的優點，如果本身是偏

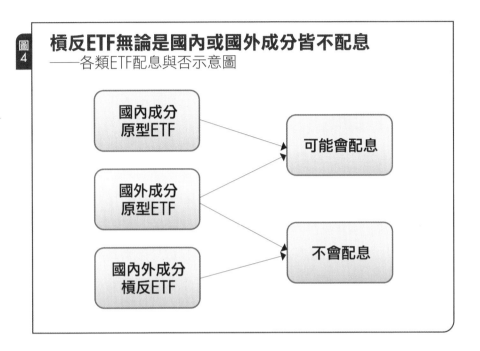

圖
4

# 槓反ETF無論是國內或國外成分皆不配息
——各類ETF配息與否示意圖

國內成分
原型ETF

國外成分
原型ETF

國內外成分
槓反ETF

可能會配息

不會配息

好長期穩定的投資人，ETF 可說是相當適合的投資工具。不過，當把股票或 ETF 視為長期投資或是存股時，投資人看重的是投資工具是否能帶來固定的收益，如年年穩定配息。因此，配息與否就是在選股時的重要指標之一（詳見圖 4、圖解教學❶）。

值得注意的是，雖然 ETF 會收到來自持有公司發出的股息，但是希望能夠領取配息的話，應優先選擇國內原型 ETF。以元大台灣 50 為例，分別在每年的 1 月、7 月配發現金股利（圖解教學❷）。不過，

057

各檔國內 ETF 的配息時間，與配息規定皆不同，投資前應該要先向發行公司確認。

如果投資人持有的是國外成分原型 ETF，則視各發行公司決定是否配息。通常不配息的原因，是基於稅負考量，對於投資人來說不見得不好。而這些 ETF 持有公司配發的股利，並不會憑空消失，而是納入 ETF 的淨值當中，投資人不用過度擔心。

另外，槓反 ETF 無論是追蹤國內或國外指數，因為都是利用衍生性金融商品，模擬指數的波動，因此並不會收到持有公司發出的股息，投資人自然也不會領到這類型 ETF 配發的股息。

## 規則5》ETF也可以零股交易或定期定額買進

對於許多資金較少的投資人來說，零股能夠用較低的成本，持有優質標的，可說是一舉兩得，然而 ETF 也像是股票一樣，有零股可以交易嗎？答案是有的，因此即使是小資族也不必擔心，同樣可透過 ETF，為自己累積資產；沒有時間的投資人，也可透過券商設定定期定額下單。

ETF 的零股交易時間，為每個交易日的下午 1 時 40 分至下午 2

時 30 分，並在下午 2 時 30 分進行撮合成交。持有零股和持有整張 ETF 的權益相同，例如未來該 ETF 有配息時，也可以按照比例，取得配發的股息。

另外，目前有多家券商，推出定期定額買股的功能，而目前可以交易的標的多為 ETF，即使是預算不多的投資人，也能夠參與市場行情。券商的做法，多為投資人設定每月扣款金額與標的，券商會集合所有想買進這檔標的者的資金，以整股方式買進，交割時再依投資金額分配，好處在相較於零股市場交易，成交機率較高。

## 圖解教學❶ 查詢ETF是否配息

**STEP 1**

想知道該ETF會不會配發股利，除了可至ETF的發行公司查詢，其實在台灣證券交易所網站（www.twse.com.tw/zh/index.html）就可以查詢到。首先進入證交所的首頁，選擇❶「產品與服務」，接著點選❷「上市證券種類」，並找到❸「ETF」。

接續下頁

跳轉至ETF的頁面後，左側會出現「ETF專區」，裡面會列出總覽、交易資訊、法規等等。假設今天想知道國泰美國道瓊（00668）的資訊，先選擇❶「ETF商品資訊」，並點擊❷「國外成分股ETF（含連結式ETF）」，接著再點擊❸「00668（新台幣）」。

最後會出現該ETF的商品資訊，可在❶「收益分配」的項目中，找到此檔ETF「無收益分配」。

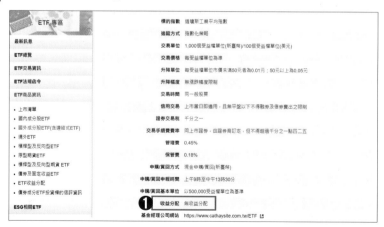

資料來源：台灣證券交易所

## 圖解教學❷　查詢ETF股利配發紀錄與除權息日程

**STEP 1**

如果要查詢ETF歷年的配息紀錄，與除權息日期，可以利用Goodinfo!台灣股市資訊網（goodinfo.tw/tw/index.asp）查詢。首先在❶「股票代號／名稱」處輸入ETF的代碼，這邊以元大台灣50為例，輸入「0050」之後，按下❷「股票查詢」。

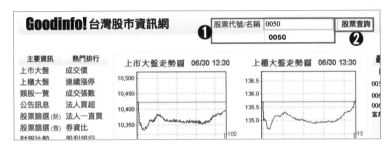

**STEP 2**

進入元大台灣50的頁面之後，點選左側的❶「除權息日程」，就會出現❷「0050元大台灣50除權息日程」，可依序查詢當年度的❸「除息交易日」、❹「現金股利、股票股利」。

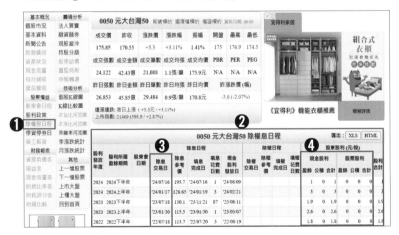

資料來源：Goodinfo! 台灣股市資訊網

## **2-3** 精省交易成本
避免獲利被侵蝕

　　明明是買進 1 張 40 元的 ETF，交割帳戶被扣款的金額，卻超過 4 萬元，這是為什麼？若是剛入門的新手投資人，可別以為是證券商扣款錯誤，而是因為買賣 ETF 時，其實有投資人需要負擔的成本。

　　ETF 在交易與持有的過程中，主要會產生 2 類成本（詳見圖 1）：1. 是內扣成本，包含管理費、保管費與其他費用支出，這些費用會直接從 ETF 的淨值中扣除，因此投資人不會有感覺；2. 是外扣成本，也就是須額外支付的成本，包括券商收取的手續費、政府收取的稅費。這些成本雖看似不高，但會對最後的獲利產生影響，因此如何計算成本，還有怎麼買賣最節省，都是投資人一定要做好的功課。

### 管理費與保管費》直接從淨值中扣除

　　從 ETF 的中文簡稱「指數股票型基金」，可以看出 ETF 其實有著

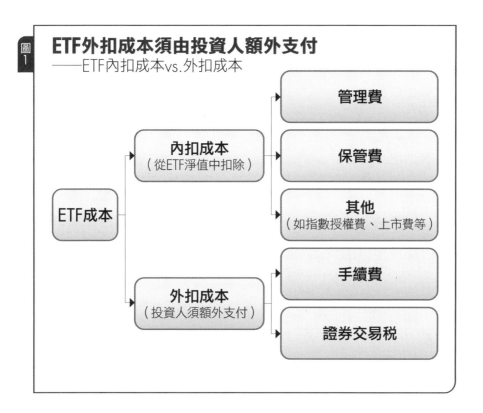

**ETF外扣成本須由投資人額外支付**
——ETF內扣成本vs.外扣成本

圖1

ETF成本

內扣成本
（從ETF淨值中扣除）

管理費

保管費

其他
（如指數授權費、上市費等）

外扣成本
（投資人須額外支付）

手續費

證券交易稅

「基金」的屬性，因此投資人就需要負擔所謂的「管理費」。不過，因為 ETF 在操作方式上，不同於一般基金的主動式管理，而是改為追蹤特定指數的「被動式」，費用也會相對較低。

基本上，國內成分的 ETF，管理費多在 0.4% 以下，國外成分的 ETF，管理費多在 0.99% 以下。而一般股票型基金的管理費多為

**圖2　每檔ETF管理費率不同，可上理財網站查詢**
──以元大高股息（0056）為例

總管理費用0.56%，包含0.4%管理費及0.16%其他費用，如保管費

資料來源：MoneyDJ理財網

1.5%，債券型基金多為1%，高於ETF的管理費費率。

除了管理費之外，保管費也是常見的內扣成本。部分ETF還會有指數授權費、上市費等，這些費用全部加總後，可稱為這檔ETF的「總管理費用」（內扣成本），這筆費用會直接從淨值中扣除。

如果想知道自己持有的ETF總管理費用，可至其公開說明書中查

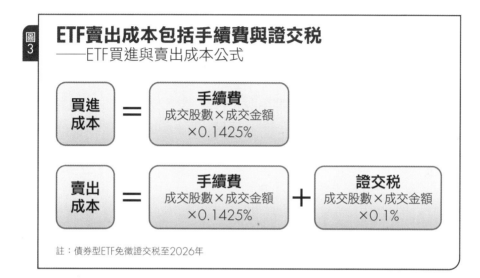

**圖 3　ETF賣出成本包括手續費與證交稅**
——ETF買進與賣出成本公式

| 買進成本 | = | **手續費**<br>成交股數×成交金額<br>×0.1425% | | |
|---|---|---|---|---|
| 賣出成本 | = | **手續費**<br>成交股數×成交金額<br>×0.1425% | + | **證交稅**<br>成交股數×成交金額<br>×0.1% |

註：債券型ETF免徵證交稅至2026年

閱，或是到 MoneyDJ 理財網（www.moneydj.com），輸入欲查詢的 ETF 名稱或代碼後，點選基本資料，就可看到總管理費用，以元大高股息（0056）為例，總管理費用為 0.56%（詳見圖 2）。

## 手續費與證交稅》手續費最低20元、稅率0.1%

接著，投資人則是要學會計算買賣過程中所要支出的成本。以在台灣掛牌上市的 ETF 為例，就有 2 項費用：手續費、證券交易稅（詳見圖 3）。首先，依照目前法令的規定，證券商最多可以向投資人收取 0.1425% 的手續費，小數點以下則無條件捨去。

這筆手續費會由證券商收取，且無論是在買進或賣出時，都需要各支付 1 次。投資人要留意的是，每一家券商都會規定「最低手續費」的金額，目前大多數券商會以 20 元為基準，意思就是一次買賣時，最少要付出 20 元的手續費。因此對於交易頻繁，而且每次交易金額不大的投資人來說，買賣 ETF 的成本就會提高。

其次則是證券交易稅，簡稱為「證交稅」。這筆費用只有在投資人賣出 ETF 時才會收取，ETF 的證交稅稅率為 0.1%，相較股票的證交稅稅率有 0.3% 來看，也凸顯出其交易成本較為低廉的優勢。

而這 2 項費用分別會在什麼時間點支付呢？在買進時須負擔的手續費，應該連同 ETF 的交易價金，一同放入交割帳戶內，才能完成交易；而賣出時，成交金額會扣除手續費及證交稅之後，再匯入交割帳戶當中。

了解手續費與證交稅的計算方式之後，接著用以下案例實際試算，讓投資人可以更清楚掌握每次交易的成本：

### 案例 1》整股買進

假設以 80 元買進 1 張元大台灣 50（0050），需要準備多少錢放在交割帳戶中呢？

**買進金額＝成交股數 × 成交金額**

＝ 1,000 股 ×80 元＝ 8 萬元

**買進手續費＝成交股數 × 成交金額 × 手續費費率（0.1425%）**

＝ 1,000 股 ×80 元 ×0.1425%

＝ 114 元（手續費計算結果若有小數點則無條件捨去）

因此，要放在交割帳戶中的金額，應為 8 萬 114 元（8 萬元＋
114 元）。而此時每股的平均成本就不會是 80 元，而是 80.1 元（8
萬 114 元 ÷1,000 股）。

## 案例 2》整股賣出

假設以 80 元賣出 1 張元大台灣 50，最後交割帳戶會收到多少錢
呢？

**賣出金額＝成交股數 × 成交金額**

＝ 1,000 股 ×80 元＝ 8 萬元

**賣出手續費＝成交股數 × 成交金額 × 手續費費率（0.1425%）**

＝ 1,000 股 ×80 元 ×0.1425%

＝ 114 元（手續費計算結果若有小數點則無條件捨去）

**賣出證交稅＝成交股數 × 成交金額 × 證交稅稅率（0.1%，債券型 ETF 則免徵至 2026 年）**

＝ 1,000 股 ×80 元 ×0.1% ＝ 80 元

因此，賣出後會收到的金額，應為 7 萬 9,806 元（8 萬元－114 元－ 80 元）。

另外，假設今天賣出的是 1 張同樣 80 元的股票，由於證交稅會提高到 0.3%，最後領回的金額就會是 7 萬 9,646 元（8 萬元－114 元－ 240 元）。雖然才相差 160 元，但如果交易的張數增加，就能看出兩者不小的差距。

## 案例 3》零股買進

假設以 80 元買進 100 股的元大台灣 50，需要準備多少錢放在交割帳戶中呢？

**買進金額＝成交股數 × 成交金額**

＝ 100 股 ×80 元

＝ 8,000 元

**買進手續費＝成交股數 × 成交金額 × 手續費費率（0.1425%）**

= 100 股 × 80 元 × 0.1425%

= 11.4 元（實際手續費不滿 20 元，但多數券商皆會設定 20 元為最低手續費門檻，故須以 20 元支付）

　　因此，要放在交割帳戶中的金額應為 8,020 元（8,000 元＋ 20 元）。而此時每股的平均成本就不會是 80 元，而是 80.2 元（8,020 元 ÷100 股），可發現在最低手續費的規定之下，如果交易金額不高時，會讓自己的持有成本增加。

　　既然有最低手續費的規定，那麼該買進或賣出多少成交金額，才可以做到不浪費每 1 元的手續費，以最划算的金額交易呢？首先，假設最低手續費為 20 元，並利用反推的方式計算。

**交易金額＝最低手續費 ÷ 手續費費率（0.1425%）**
= 20 元 ÷0.1425% = 1 萬 4,035 元

　　對於一次交易金額不大或習慣購買零股的投資人來說，在買進、賣出之前，就可以看看當次交易的金額，是否有超過 1 萬 4,035 元，才能避免讓手續費的成本，占總交易金額過高，吃掉自己的獲利。

　　ETF 的交易成本試算起來並不高，但投資人千萬別小看這些金額，

長期累積下來，也會是一筆不小的數目。對於投資人來說，只要交易時的成本可以盡量壓低一些，就代表獲利的空間能夠成長一些，所以在交易時，一定要算仔細可能付出的各項成本才行！接著，就來看看該如何精省自己的交易成本。

## 券商祭出手續費折扣，電子交易省最多

由於證交稅是由政府收取，其稅率無法改變，因此投資人可以有所選擇的就是證券商的手續費。由於現在的下單方式多元，證券商多會鼓勵投資人，利用網路、App 等電子下單，並針對電子下單，祭出手續費折扣的優惠。

投資人在開戶前、選擇證券商時，就可以多比較目前市面上證券商提供的手續費折扣，以及各券商的最低手續費規定。例如多家大型券商的電子下單手續費折扣多為 5 折、6 折、65 折，部分券商則提供更低的折扣，例如 2.8 折、2.3 折等。假設以 6.5 折及最低的 2.3 折相比，同樣是買進 1 張 183 元的元大台灣 50，2.3 折的折扣就可以為投資人省下大約 201 元。

提醒投資人，這些證券商提供的手續費折扣，多採取「月退制」的方式，並不是買進、賣出的當下就直接扣除，而是從交割帳戶扣

款，或是計算賣出時最後領回的金額時，會先以 0.1425% 計算。等到月底時，再一併結算整個月的手續費折扣，並於下個月退回至投資人的交割帳戶。

所以，當投資人要買進 ETF 時，要放在交割帳戶內的金額，還是必須要先用未計算折扣前的手續費率計算，以免金額不足，導致違約交割。另外，有些券商則是採用「日退制」的方式，代表每天都會結算手續費折扣的金額，再退回給投資人。建議投資人在開戶之前，可先行向證券商詢問清楚是使用哪一種退回方式。

## 若ETF有配發股利，還會產生2項額外成本

對於想用 ETF 進行長期投資的人來説，ETF 配發的股利是重要的獲利來源。不過，在領取股利的同時，還要注意會有另外 2 項成本產生，也就是「股利所得税」與「二代健保補充保費」（詳見名詞解釋）。

 **名詞解釋**

### 二代健保補充保費

二代健保指的是 2013 年新上路的健保制度，除了像過去從薪資收取保費之外，還會針對 6 項所得收取補充保費，包括獎金、兼職薪資、執行業務收入、股利所得、利息所得與租金收入等。其中要特別注意的是，自 2021 年起，補充保費的費率從 1.91% 調升至 2.11%。

**圖4**

## 以股利8.5%計算可抵減稅額，上限為8萬元
——可抵減稅額計算公式

$$可抵減稅額 = 股利所得 \times 8.5\%$$

**範例試算》**分別以股利所得30萬元、100萬元計算可抵減稅額，金額各是多少呢？

30萬元×8.5%＝2萬5,500元

100萬元×8.5%＝8萬5,000元（可抵減稅額以8萬元為限，如果超過8萬元，仍然以8萬元計算）

首先，關於股利所得稅的部分，2018年《所得稅法》修正案通過，2019年5月起申報所得稅適用，這個新制廢除了實施將近20年的「兩稅合一」制度，納稅義務人可以自行擇優選擇「股利所得合併計稅」或「單一稅率分開計稅」方案申報。這兩者的主要差異在於「股利所得是否要併入其他所得一起申報」。

「股利所得合併計稅」方案，也就是將股利所得併入其他各類所得中一起申報，但是可以就股利的8.5%計算可抵減稅額（詳見圖4），而且每一申報戶最高有8萬元的可抵減稅額，超過者仍以8萬元計算。

**綜合所得淨額低於59萬元的人，適用5%稅率**
——個人綜合所得稅稅率與級距

| 綜合所得淨額（元） | 稅率（%） | 累進差額（元） |
|:---:|:---:|:---:|
| 590,000以下 | 5 | 0 |
| 590,001～1,330,000 | 12 | 41,300 |
| 1,330,001～2,660,000 | 20 | 147,700 |
| 2,660,001～4,980,000 | 30 | 413,700 |
| 4,980,001以上 | 40 | 911,700 |

資料來源：財政部

　　「單一稅率分開計稅」方案，顧名思義，就是「將股利所得以單一稅率計算，並與其他所得分開計算所得稅」。單一稅率為28%，計算出的股利所得稅額就會和其他所得計算出的應納稅額合併申報，一同繳納稅款。

　　那麼投資人應該要選擇哪個繳稅方案，才會對自己比較有利呢？這邊就要先解釋一下綜合所得稅的基本概念：在計算綜合所得稅時，我們要先算出「綜合所得淨額」，接著再以「綜合所得淨額」乘以「稅率」之後（詳見表1），再減去「累進差額」，最後就會計算出「應納稅額」。

而綜合所得淨額為「所得總額－免稅額－一般扣除額－特別扣除額－基本生活費差額」。其中，在「一般扣除額」的項目中，可選擇採用「標準扣除額」或「列舉扣除額」（詳見圖5）。

為了方便讀者了解，我們用「稅籍中只有一人」的申報戶來做說明，並且採用標準扣除額、沒有申報任何扶養、基本生活費差額為負值等條件來進行試算，來看看股利所得在不同狀況下，應如何申報才會比較有利。

### 情境1》股利所得30萬元、其他所得60萬元

◎採股利所得合併計稅：

**步驟①》計算應納所得稅額**

＝（所得總額－免稅額－一般扣除額－特別扣除額－基本生活費差額）× 適用稅率－累進差額

＝（90萬元－9萬7,000元－13萬1,000元－21萬8,000元）×5%（註1）

＝2萬2,700元

**步驟②》計算股利可抵減稅額**

---

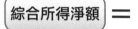

**圖5** 若選擇合併計稅，股利所得將納入所得總額中
——綜合所得淨額計算公式

┌─────────────┐
│ 綜合所得淨額 │ ＝
└─────────────┘

┌──────┐   ┌──────┐   ┌──────┐   ┌──────┐   ┌────────┐
│ 所得 │ ─ │免稅額│ ─ │ 一般 │ ─ │ 特別 │ ─ │基本生活│
│ 總額 │   │      │   │扣除額│   │扣除額│   │費差額  │
└──────┘   └──────┘   └──────┘   └──────┘   └────────┘

◎**所得總額**：股利所得可選擇計算在內或分離課稅

◎**免稅額**：70歲以下，每人9萬7,000元；70歲以上，14萬5,500元

◎**一般扣除額**：扣除額2擇1

1.標準扣除額：單身13萬1,000元；與配偶合併申報26萬2,000元
2.列舉扣除額：捐贈、人身保險、購屋借款利息、房屋租金支出等

◎**特別扣除額**：包含薪資所得特別扣除額（每人最高21萬8,000元）、
　　儲蓄投資特別扣除額（每戶最高27萬元）等項目

◎**基本生活費差額**：負值不納入

＝股利所得 ×8.5%

＝ 30 萬元 ×8.5%

＝ 2 萬 5,500 元

**步驟③》計算應納總稅額**

＝ 2 萬 2,700 元 － 2 萬 5,500 元

= -2,800 元

◎**單一稅率分開計稅：**

**步驟①》計算應納所得稅額**

＝（所得總額－免稅額－一般扣除額－特別扣除額－基本生活費
差額）× 適用稅率－累進差額

＝（60 萬元－9 萬 7,000 元－13 萬 1,000 元－21 萬 8,000
元）×5%（註 2）

＝ 7,700 元

**步驟②》計算股利應納稅額**

＝股利所得 ×28%

＝ 30 萬元 ×28%

＝ 8 萬 4,000 元

**步驟③》計算應納總稅額**

＝ 7,700 元＋ 8 萬 4,000 元

＝ 9 萬 1,700 元

◎**結論：**若選擇股利所得合併計稅，可退稅 2,800 元；但若選擇
單一稅率分開計稅，則須繳納 9 萬 1,700 元，故選擇前者比較有利。

## 情境 2》股利所得 100 萬元、其他所得 600 萬元

### ◎採股利所得合併計稅：

**步驟①》計算應納所得稅額**

＝（所得總額－免稅額－一般扣除額－特別扣除額－基本生活費差額）× 適用稅率－累進差額

＝（700 萬元－9 萬 7,000 元－13 萬 1,000 元－21 萬 8,000 元）×40%－91 萬 1,700 元（註 3）

＝ 170 萬 9,900 元

**步驟②》計算股利可抵減稅額**

＝股利所得 ×8.5%

＝ 100 萬元 ×8.5%

＝ 8 萬 5,000 元（最高仍只可抵減 8 萬元）

**步驟③》計算應納總稅額**

＝ 170 萬 9,900 元－8 萬元

＝ 162 萬 9,900 元

### ◎單一稅率分開計稅：

---

註 2：計算出來的綜合所得淨額為 15 萬 4,000 元，因此適用 5% 稅率，累進差額為 0 元。
註 3：計算出來的綜合所得淨額為 655 萬 4,000 元，因此適用 40% 稅率，累進差額為 91 萬 1,700 元。

**步驟①》計算應納所得稅額**

＝（所得總額－免稅額－一般扣除額－特別扣除額）× 適用稅率－累進差額

＝（600 萬元－9 萬 7,000 元－13 萬 1,000 元－21 萬 8,000 元）×40% － 91 萬 1,700 元（註 4）

＝ 130 萬 9,900 元

**步驟②》計算股利可抵減稅額**

＝股利所得 ×28%

＝ 100 萬元 ×28%

＝ 28 萬元

**步驟③》計算應納總稅額**

＝ 130 萬 9,900 元＋ 28 萬元

＝ 158 萬 9,900 元

◎**結論**：若選擇股利所得合併計稅，須繳納 162 萬 9,900 元；但若選擇單一稅率分開計稅，則只要繳納 158 萬 9,900 元，故選擇後者比較有利。

---

註 4：計算出來的綜合所得淨額為 555 萬 4,000 元，因此適用 40% 稅率，累進差額為 91 萬 1,700 元。

從 2 種情境下的分析可得知，當納稅義務人適用 5%、12%、20% 的稅率時，選擇股利所得合併計稅會比較有利；而相對地，若是適用 30%、40% 稅率的納稅義務人，選擇股利所得分開計稅會比較有利。

另一項成本是 2013 年上路的「二代健保補充保費」，並且費率從 2021 年起自原本的 1.91% 調升至 2.11%，但仍維持「單次領取的股利金額達 2 萬元（含）以上才須繳納」的門檻，而當股利總超過 1,000 萬元時，則會以 1,000 萬元計算。計算公式為：單次給付股利金額 ×2.11%。

基本上，如果需要繳納補充保費，通常會由股利發放公司先行代扣，也就是說，假設投資人單次領到的股利金額為 3 萬元，在未計入股利匯款手續費的前提下，公司應付給投資人的股利金額為 2 萬 9,367 元。

## 海外開戶購買ETF，股利所得視為海外所得

投資國外成分 ETF，或到國外證券商開戶、購買當地掛牌的 ETF 時，這些 ETF 的配息，會計入綜所稅嗎？答案是不用，因為這些配息會視為海外所得。

海外所得雖然不用納入綜所稅，但是超過 100 萬元時，就會計入最低稅負制當中的「基本所得」。基本所得是包括綜所稅淨額、海外所得、特定保險給付……等 8 種所得的加總，當基本所得超過 670 萬元時，超過的部分就得乘以單一稅率 20%，再和綜合所得稅額相比，繳交金額較大者。

舉例來說，A 的基本所得為 1,000 萬元，扣掉 670 萬元後，乘上稅率 20% 為 68 萬元，即為他的基本稅額，假設他的綜合所得稅額為 83 萬 5,000 元，大於基本稅額的情況下，最後他要繳交的就會是綜合所得稅額。

## 2-4 掌握下單眉角
# 不怕買高賣低

了解 ETF 的種類、交易規則以及有哪些成本之後,就可以開始實際操作,進場交易 ETF。現在的下單方式多元,投資人不再受限於電腦前面,幾乎隨時隨地都能夠透過行動裝置進場買賣,十分方便(詳見圖1)。

不過,下單看似容易,其中仍有需要投資人留意的眉角,否則萬一不小心下錯單,投資人要面對的,極有可能是大幅的損失,像是買錯張數、設錯價格等等,甚至是不小心「違約交割」。因此,以下將提點下單時的注意事項,並分別以 App、電腦的下單介面作為示範,讓投資人更清楚了解完整的下單流程(詳見圖解教學)。

### 下單》開盤前可下預約單、盤後也可用定價交易

下單顧名思義就是交付委託單給證券商,投資人只要在台股開盤

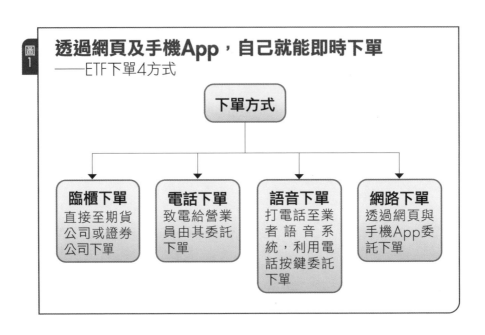

**圖1 透過網頁及手機App，自己就能即時下單**

——ETF下單4方式

```
                    下單方式
    ┌──────────┬──────────┼──────────┬──────────┐
    ▼          ▼                     ▼          ▼
```

**臨櫃下單**
直接至期貨公司或證券公司下單

**電話下單**
致電給營業員由其委託下單

**語音下單**
打電話至業者語音系統，利用電話按鍵委託下單

**網路下單**
透過網頁與手機App委託下單

時間內都可以進行買賣。不過，投資人其實在上午8時30分，就可以開始掛出當日的買進或賣出委託單，等到上午9時開盤時進行買賣撮合，決定開盤價格（詳見圖2）。

ETF與股票相同，也可以透過券商的系統，提早下好預約單，指的是在今天收盤之後，到隔天開盤之前，先設定好想買賣的標的、價格和數量，這樣隔天就不會手忙腳亂的下單。

舉例來說，在7月10日的下午3時，提交了隔日買進的預約單，

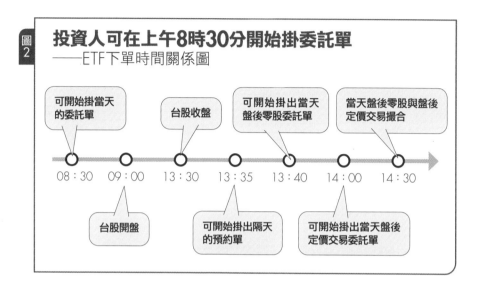

圖2 投資人可在上午8時30分開始掛委託單
——ETF下單時間關係圖

可開始掛當天的委託單

台股收盤

可開始掛出當天盤後零股委託單

當天盤後零股與盤後定價交易撮合

08：30　09：00　13：30　13：35　13：40　14：00　14：30

台股開盤

可開始掛出隔天的預約單

可開始掛出當天盤後定價交易委託單

希望可以 30 元的價格買進 1 張 ETF，7 月 11 日開盤後，系統就會掛出這張委託單，如果當天沒有成交，此委託就會失效，其效力並不會延續至 7 月 12 日。各證券商開始接受預約單的時間，都不太相同，多從下午 1 時 35 分至 2 時 0 分開始，但都是至隔日上午 8 時 30 分截止。

而過去，盤中時段（09：00 ～ 13：30）只能交易整股，零股只能在收盤後才進行委託，但為了增進更多投資人於盤中時段交易零股的機會並降低投資門檻，自 2020 年 10 月 26 日起，開放於盤中買賣零股，ETF 亦不例外。因此，ETF 的零股交易方式就有分成

盤中與盤後，但前者只能電子下單，後者下單方式則不限。

另外，ETF也跟股票一樣有「盤後定價交易」（限整股），顧名思義就是以當天的「定價」（最後一筆成交價格，即收盤價）進行買賣，當投資人願意用該ETF的收盤價格進行買賣時，即可在下午2時，開始遞交委託單，直到下午2時30分，證券交易所的電腦會自動撮合。而盤後定價交易的買賣成交順序，會由電腦隨機排列。

## 出價》用限價出價，避免買在高點、賣在低點

投資人在盤中出價時，可以分為2種方式，分別是「市價單」及「限價單」。市價代表投資人不指定價格，由ETF當下的成交價格來買賣，通常是一定要在當日成交的投資人，比較適合採用此方式。不過，這也是市價單的缺點，就是投資人可能買在ETF的最高點，也就是漲停板，或是賣在ETF的最低點，也就是跌停板。另外，像是在台灣上市、含有國外成分的ETF，並沒有漲跌幅限制，例如國泰中國A50正2（00655L）等，以市價單出價的話，更有可能造成極大的損失。

相對而言，限價單則是由投資人指定交易價格，只有當ETF的價格到達或優於投資人指定的價格時，才會成交。比起市價單來說，

限價單比較能控制自己的成本與獲利，適合長期投資，或是當日不一定急著要成交的投資人。而這 2 種出價的方式，也會影響到成交的優先順序，目前台股的成交順序，是以價格為優先，再以下單的時間決定。當投資人買進時，以愈高的價格下單者，就愈容易買到；反之，賣出時，以愈低的價格出價者，也會愈容易賣出。

這也代表以市價單出價的投資人，他的成交順位，就會優於以限價單出價者。而對同一檔 ETF 的出價價格相同時，則先出價的投資人，會優先成交。

另外，每一檔 ETF 的價位不同，每一次漲跌的最小價位，也會不一樣，而這個最小漲跌的單位就是「1 檔」，股價愈高的 ETF，每一檔的漲跌金額就會愈大；反之亦然（詳見表 1）。

舉例來說，元大台灣 50（0050）這 1 個月以來的價格多在 185 元上下，它的 1 檔即為 0.5 元，代表每次出價時，都要以 0.5 元為單位增減價格。而元大高股息（0056）的股價近期多在 40 元附近，1 檔則為 0.05 元，出價時就是以 0.05 元為單位。

## 善用最佳 5 檔，判斷容易成交價

學會了出價的方式之後，投資人可能會疑惑，到底要出多少價格，

## 每股市價愈大，每一檔的漲跌金額就愈大
——ETF每股漲跌最小單位

| 每股市價 | 股價漲跌最小單位 |
| --- | --- |
| 0.01元至未滿10元 | 0.01元 |
| 10元至未滿50元 | 0.05元 |
| 50元至未滿100元 | 0.10元 |
| 100元至未滿500元 | 0.50元 |
| 500元至未滿1,000元 | 1.00元 |
| 1,000元以上 | 5.00元 |

才能夠成交呢？按照台股的成交順序，當然以市價單出價時，可保證自己買到或賣出1檔ETF，可是對於想要控制成本的投資人，不見得是適合的做法。這時候不妨可參考每檔ETF的「最佳5檔」（詳見圖3），就能夠知道目前市場上，投資人對這檔ETF的看法。

所謂最佳5檔，代表目前投資人想買進、賣出各5個尚未成交的最佳價格，以及欲用該價位買進或賣出的張數，通常在券商網頁或App的下單介面上都可以看得到。因此投資人在下單之前，可藉由最佳5檔，了解目前市場上買賣雙方能夠接受的價格，即可抓出容

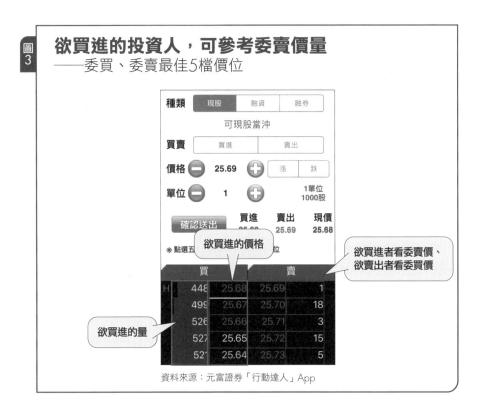

**圖3 欲買進的投資人，可參考委賣價量**
——委買、委賣最佳5檔價位

| 種類 | 現股 | 融資 | 融券 |

可現股當沖

| 買賣 | 買進 | 賣出 |

價格 ⊖ 25.69 ⊕ | 漲 | 跌 |

單位 ⊖ 1 ⊕　1單位 1000股

確認送出

| | 買進 25.68 | 賣出 25.69 | 現價 25.68 |

※ 點選五...位

**欲買進的價格**

**欲買進者看委賣價、欲賣出者看委買價**

| 買 | | | 賣 |
|---|---|---|---|
| H 448 | 25.68 | 25.69 | 1 |
| 499 | 25.67 | 25.70 | 18 |
| 526 | 25.66 | 25.71 | 3 |
| 527 | 25.65 | 25.72 | 15 |
| 521 | 25.64 | 25.73 | 5 |

**欲買進的量**

資料來源：元富證券「行動達人」App

易成交的價格區間。以圖3為例，假設想要買進該檔股票，從App下單介面上可以看到最佳賣價即為25.69元。但當下只有1張委託單，擔心買不到的話，就能再加1檔至25.7元，增加買進機會。

當然，如果投資人不急著成交的話，可以多觀察最佳5檔，等ETF的股價，來到預期的價位附近時再進場，也不失為好辦法。

## 圖解教學　利用手機App買賣ETF

**STEP 1**

此處以國泰證券的「樹精靈」App為例，假設要以182元，買進100股元大台灣50（0050），打開App首頁之後，須先輸入❶身分證字號及電子交易密碼，點選❷「登入」進入下一個頁面後，點選下方的❸「下單」。

**STEP 2**

進入下單頁面後，輸入元大台灣50的股號代碼❶「0050」，並選擇❷「盤中」，然後選取❸「零股」；並調整想要買進的價格（此處預設條件是限價單，可自行決定價格，並以❹「182」元為例），接著輸入想要買進的股數（此處以❺「100」股為例），最後點選❻「買進」。

「現」→「現股」；
「沖」→「當沖」；
「資」→「融資」；
「券」→「融券」；
可依據個人需求更換選項

此處以零股為例，故不能選擇下單形式，若是購買整股，則可以選擇ROD（當日有效）、IOC（立即成交否則取消）、FOK（全部成交否則取消）3種下單形式

依下單金額可以選擇以「限價買進」（可自行決定價格）、「市價買進」（依當日市價為準）、「漲停價買進」、「跌停價買進」、「平盤價買進」（依昨日收盤價為準）

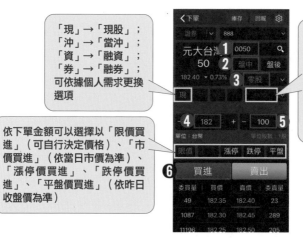

**STEP 3**

之後，系統會再出現一次購買資訊，確認無誤之後則可點選❶「確定」，即下單成功。

**STEP 4**

若要回頭檢視自己的委託單狀態，可回到主頁面之後，點選❶「帳務」，然後選取上方的❷「證券」，再選取❸「委託」，即會出現剛剛成立的委託單資訊。在正式成交之前，委託單都可以進行刪除或改量（但改量只能減少不能增加），可點選❹「刪改」。

**STEP 5**

進入下一個頁面後，可依照個人需求，點選❶「刪單」（此處以刪除整張委託單為例）或❷「改量」（在❸「欲刪單數量」欄位調整購買的股數，此處以輸入「100」股為例），最後再按下❹「確定」即可。若刪單成功，就能在委託狀態中看到❺「委託已取消」。

資料來源：國泰證券「樹精靈」App

Chapter
3

# 檢視體質

## 精挑優質標的

# 3-1 3種指數追蹤方式
## 影響ETF績效表現

　　大家都知道「買進 ETF 等於是買進一籃子股票」，但是這一個籃子裡到底裝了什麼菜呢？ ETF 的基本原理就是被動的追蹤指數，不管追蹤的方式為何，基本上，指數的變化會影響到 ETF 的淨值，進而影響市價。

　　換句話說，ETF 所追蹤的標的指數，已經替 ETF 是否賺錢決定了大半的命運。因此，我們要投資 ETF 之前，應該要先知道這檔 ETF 所追蹤的指數為何。

　　整體來說，指數的編製方式有很多種，有些是直接追蹤某國股市的大盤、有些是追蹤特定產業等。如果認為某個市場或某個產業未來有發展性，投資人就能去找追蹤該指數的 ETF 賺取利潤。

　　有時候，同一個指數可能會被多個 ETF「追著跑」，就要透過交

易量等指標來篩選，挑選的方式將在下一個章節中說明。

但是，通常我們看到的 ETF 名稱往往都是短短幾個字，根本無從得知該檔 ETF 所追蹤的指數為何？甚至會出現像是「元大台灣 50」（0050）、「富邦台 50」（006208），名字都有「50」的 ETF，它們追蹤的標的指數是一樣的嗎？投資人要如何知道這檔 ETF 追蹤的指數為何呢？

想要知道 ETF 追蹤的標的指數並不難，公開資訊觀測站及台灣證券交易所官網都有專區可以查詢（詳見圖解教學），投資人若想了解，可以利用此方式查詢。而表 1 中已彙整目前 54 檔成分股為國內市場的原型 ETF（台股原型 ETF），可在表中看到各 ETF 所追蹤的標的指數（統計至 2024 年 7 月 29 日）。

至於 ETF 在追蹤標的指數時，大致上可以分成 3 種追蹤方式（詳見圖 1）：完全複製法、抽樣複製法、合成複製法。

## 1.完全複製法

意即指數的編制內有幾檔股票，該 ETF 就直接以買賣現貨的方式投資那幾檔股票，ETF 的走勢會與指數完全貼近，例如元大台灣 50 及元大高股息（0056）的追蹤方式，都是屬於完全複製法。

表1

## 錢進ETF前，應先了解ETF所追蹤的標的指數

| 代碼 | 名稱 | 追蹤指數 |
|---|---|---|
| 0050 | 元大台灣50 | 台灣50指數 |
| 0051 | 元大中型100 | 台灣中型100指數 |
| 0052 | 富邦科技 | 台灣資訊科技指數 |
| 0053 | 元大電子 | 台灣電子類發行量加權股價指數 |
| 0055 | 元大MSCI金融 | MSCI台灣金融指數 |
| 0056 | 元大高股息 | 台灣高股息指數 |
| 0057 | 富邦摩台 | MSCI台灣指數 |
| 006201 | 元大富櫃50 | 櫃買富櫃50指數 |
| 006203 | 元大MSCI台灣 | MSCI台灣指數 |
| 006204 | 永豐臺灣加權 | 台灣證交所發行量加權股價指數 |
| 006208 | 富邦台50 | 台灣50指數 |
| 00690 | 兆豐藍籌30 | 藍籌30指數 |
| 00692 | 富邦公司治理 | 台灣公司治理100指數 |
| 00701 | 國泰股利精選30 | 低波動股利精選30指數 |
| 00713 | 元大台灣高息低波 | 特選高息低波指數 |
| 00728 | 第一金工業30 | 工業菁英30指數 |
| 00730 | 富邦臺灣優質高息 | 道瓊斯台灣優質高股息30指數 |
| 00731 | 復華富時高息低波 | 富時台灣高股息低波動指數 |
| 00733 | 富邦臺灣中小 | 中小型A級動能50指數 |
| 00850 | 元大臺灣ESG永續 | 台灣永續指數 |
| 00878 | 國泰永續高股息 | MSCI台灣ESG永續高股息精選30指數 |
| 00881 | 國泰台灣5G+ | 台灣5G+通訊指數 |
| 00888 | 永豐台灣ESG | 富時台灣ESG優質指數 |
| 00891 | 中信關鍵半導體 | ICE FactSet台灣ESG永續關鍵半導體指數 |
| 00892 | 富邦台灣半導體 | ICE FactSet台灣核心半導體指數 |
| 00894 | 中信小資高價30 | 特選小資高價30指數 |
| 00896 | 中信綠能及電動車 | 特選台灣綠能及電動車指數 |
| 00900 | 富邦特選高息30 | 特選台灣高股息30指數 |

## ——54檔台股原型ETF

| 代碼 | 名稱 | 追蹤指數 |
|------|------|---------|
| 00901 | 永豐智能車供應鏈 | 特選台灣智能車供應鏈聯盟指數 |
| 00904 | 新光臺灣半導體30 | 台灣全市場半導體精選30指數 |
| 00905 | FT臺灣Smart | 特選Smart多因子指數 |
| 00907 | 永豐優息存股 | 台灣優息存股指數 |
| 00912 | 中信臺灣智慧50 | 特選台灣智慧50指數 |
| 00913 | 兆豐台灣晶圓製造 | 台灣晶圓製造指數 |
| 00915 | 凱基優選高股息30 | 台灣多因子優選高股息30指數 |
| 00918 | 大華優利高填息30 | 特選台灣優利高填息30指數 |
| 00919 | 群益台灣精選高息 | 台灣精選高息指數 |
| 00921 | 兆豐龍頭等權重 | 特選台灣產業龍頭存股等權重指數 |
| 00922 | 國泰台灣領袖50 | MSCI台灣領袖50精選指數 |
| 00923 | 群益台灣ESG低碳50 | 台灣ESG低碳50指數 |
| 00927 | 群益半導體收益 | 台灣半導體收益指數 |
| 00928 | 中信上櫃ESG 30 | 上櫃ESG 30指數 |
| 00929 | 復華台灣科技優息 | 特選台灣科技優息指數 |
| 00930 | 永豐ESG低碳高息 | 特選台灣ESG低碳高息40指數 |
| 00932 | 兆豐永續高息等權 | 台灣ESG永續高股息等權重指數 |
| 00934 | 中信成長高股息 | 台灣優選成長高股息指數 |
| 00935 | 野村臺灣新科技50 | 台灣創新科技50指數 |
| 00936 | 台新永續高息中小 | 台灣永續高息中小型指數 |
| 00939 | 統一台灣高息動能 | 特選台灣高息動能指數 |
| 00940 | 元大台灣價值高息 | 台灣價值高息指數 |
| 00943 | 兆豐電子高息等權 | 台灣電子成長高息等權重指數 |
| 00944 | 野村趨勢動能高息 | 台灣趨勢動能高股息指數 |
| 00946 | 群益科技高息成長 | 特選台灣科技高息成長指數 |
| 00947 | 台新臺灣IC設計 | 特選台灣IC設計動能指數 |

註：資料統計至 2024.07.29　　資料來源：公開資訊觀測站、台灣證券交易所

## 2. 抽樣複製法

該 ETF 在追蹤的標的指數中選出最具代表性的數檔股票，同樣以持有現貨的方式投資，藉此建構一個與指數「差不多」的投資組合，容易與指數偏離，但同時，相對的績效也可能打敗指數，例如元大電子（0053）就是屬於抽樣複製法的 ETF。

## 3. 合成複製法

不是以持有標的指數的成分股為主要資產，而是透過投資金融衍生性商品，如期貨、選擇權等來達到追蹤指數的效果，比起前面 2 種複製法，合成複製法潛藏交易對手風險和流動性及評價風險，例如，元大台灣 50 正 2（00631L）和元大台灣 50 反 1（00632R）。

# 追蹤誤差愈低，ETF淨值愈接近標的指數表現

ETF 既然是「追蹤」指數，就有所謂的追蹤誤差，是指 ETF 資產淨值報酬率與標的指數報酬率的差異程度，追蹤誤差愈低，ETF 的淨值表現就會愈接近標的指數的表現。

會產生追蹤誤差的原因有很多，包含 ETF 在管理上須支付的費用、ETF 與指數成分股之差異、計價貨幣、交易貨幣及投資所用的貨幣間的匯率價差、ETF 投資組合的成分股配股與配息、基金經理人所

圖1

# 採「完全複製法」的ETF與追蹤指數走勢貼近
——3種追蹤標的指數方式

## 方式1》完全複製法

指數

ETF

> 指數菜籃內有幾樣菜、每樣菜有多少重量，ETF的菜籃完全一樣

## 方式2》抽樣複製法

指數

ETF

> 指數菜籃內有幾樣菜、每樣菜有多少重量，ETF的菜籃會參考它，但只挑選自己要吃的菜

## 方式3》合成複製法

指數

ETF

> 不管指數菜籃內有什麼菜，ETF的菜籃不買這些菜，而是買這些菜做出來的商品

使用的追蹤工具及複製策略等，都會造成 ETF 的資產淨值與指數間存在落差。

當 ETF 與標的指數的追蹤誤差大，代表基金管理追蹤效果不佳，但不代表 ETF 的表現比標的指數差，不過，當初你看好或看壞某市場，而買追蹤相關指數的 ETF，其目標就是盡可能貼近指數報酬，因此須特別留意追蹤誤差，若某檔 ETF 長期以來都有追蹤誤差過大的問題，那不妨改選追蹤同一個標的指數，但追蹤誤差較小、相似的 ETF。

舉例來說，假設你看好 A 指數會上漲，而現在有 2 檔 ETF 都追蹤 A 指數，且這 2 檔 ETF 的其他條件差不多，但其中一檔追蹤誤差較大、一檔較小，那就選擇追蹤誤差較小的 ETF。

## 「每日重設」機制，造成ETF報酬率與指數偏離

值得一提的是，反向 ETF 和槓桿 ETF 的報酬率也容易與指數產生偏離，但這並非全然是追蹤誤差所帶來的影響，主要是因為其「每日重設」機制造成偏離。

所謂的「每日重設」機制，是指發行商會在每日收盤前，根據當

日標的指數漲跌幅調整基金的曝險位置，以維持固定的槓桿倍數。如此一來，若投資時間超過 1 天，累積的報酬會因為複利效果，可能和指數產生偏離。

以 2 倍槓桿 ETF 為例，若標的指數連續 2 天都漲 5%，累積報酬是 10.25%，理論上，2 倍槓桿的累積報酬應該是 20.5%，但因為每日重設機制，2 倍槓桿 ETF 累積報酬是 21%（詳見表 2）。再舉一個例子，若標的指數第 1 天漲 5%、第 2 天跌 5%，標的指數累積的報酬為 -0.25%，但 2 倍槓桿 ETF 累積後，下跌不是 -0.5%，而是 -1%。

也就是說，長期持有槓桿 ETF 會遇到下列的情況：

1. 當標的指數連續上漲時，槓桿 ETF 的累積漲幅會比指數的累積漲幅倍數還多。
2. 當標的指數連續下跌時，槓桿 ETF 的累積跌幅會比指數的累積跌幅倍數還少。
3. 當標的指數盤整時，槓桿 ETF 的累積漲跌幅容易比指數的累積漲跌幅更劇烈。

再來看看反向的 ETF 狀況也是一樣，理論上，指數漲 1%，反向

ETF 要跌 1%，但實際上，若持有超過 1 天，就會變成以下的狀況：

　　當指數連續 2 天都上漲 5% 時，累積的報酬率為 10.25%，反向的 ETF 理論上應該跌 10.25%，但實際上卻只跌了 9.75%（詳見表 3）。指數連續下跌 2 天各 5% 時，累積的跌幅為 9.75%，但反向的 ETF 卻累積漲了 10.25%。

　　當盤整時，若標的指數累積下跌，例如第 1 天先漲 4%、第 2 天下跌 6%，指數累積的報酬率是 -2.24%，但反向 ETF 的累積報酬率只有 1.76%；如果標的指數累積上漲，例如第 1 天先跌 4%、第 2 天漲 6%，指數累積漲幅為 1.76%，反向 ETF 的淨值反而累積下跌了 2.24%。

　　也就是說，長期持有反向的 ETF 會遇到下列的情況：

　　**1. 當標的指數連續上漲時，反向 ETF 的虧損幅度會比指數的累積漲幅還少。**
　　**2. 當標的指數連續下跌時，反向 ETF 的獲利幅度會比指數的累積跌幅還多。**
　　**3. 當標的指數盤整時，若標的指數累積下跌，反向 ETF 的漲幅會不如指數下跌的幅度；若標的指數累積上漲，反向 ETF 的跌幅較指**

表2

# 每日重設機制，讓標的指數與ETF的累積報酬不對等
## ——以2倍槓桿ETF為例

### 情況1》連續上漲時

| | 標的指數 | 2倍槓桿 |
|---|---|---|
| 第1日 | ↑5% | ↑10% |
| 第2日 | ↑5% | ↑10% |
| 價格漲跌幅 | 110.25%〔=（1+5%）×（1+5%）〕 | 121%〔=（1+10%）×（1+10%）〕 |
| 累積報酬 | 10.25%〔=110.25%-1〕 | **21**%〔=121%-1〕 |

> 由此可知，2倍槓桿計算累積報酬為21%，而非20.5%（10.25%×2）

### 情況2》連續下跌時

| | 標的指數 | 2倍槓桿 |
|---|---|---|
| 第1日 | ↓-5% | ↓-10% |
| 第2日 | ↓-5% | ↓-10% |
| 價格漲跌幅 | 90.25%〔=（1-5%）×（1-5%）〕 | 81%〔=（1-10%）×（1-10%）〕 |
| 累積報酬 | -9.75%〔=90.25%-1〕 | **-19**%〔=81%-1〕 |

> 由此可知，2倍槓桿計算累積報酬為-19%，而非-19.5%（-9.75%×2）

### 情況3》指數出現震盪時

| | 標的指數 | 2倍槓桿 |
|---|---|---|
| 第1日 | ↑5% | ↑10% |
| 第2日 | ↓-5% | ↓-10% |
| 價格漲跌幅 | 99.75%〔=（1+5%）×（1-5%）〕 | 99%〔=（1+10%）×（1-10%）〕 |
| 累積報酬 | -0.25%〔=99.75%-1〕 | **-1**%〔=99%-1〕 |

> 由此可知，2倍槓桿計算累積報酬為-1%，而非-0.5%（-0.25%×2）

資料來源：台灣證券交易所

表3

## 當標的指數持續上漲，虧損幅度＜指數上漲幅度

### 情況1》當標的指數連續上漲

| | 標的指數 | 反向1倍 |
|---|---|---|
| 第1日 | ↑5% | ↓-5% |
| 第2日 | ↑5% | ↓-5% |
| 價格漲跌幅 | 110.25%〔＝（1+5%）×（1+5%）〕 | 90.25%〔＝（1-5%）×（1-5%）〕 |
| 累積報酬 | 10.25%〔=110.25%-1〕 | **-9.75**%〔=90.25%-1〕 |

> 由此可知，反向1倍ETF累積報酬為-9.75%，而非-10.25%（10.25%×-1）

### 情況2》當標的指數連續下跌

| | 標的指數 | 反向1倍 |
|---|---|---|
| 第1日 | ↓-5% | ↑5% |
| 第2日 | ↓-5% | ↑5% |
| 價格漲跌幅 | 90.25%〔＝（1-5%）×（1-5%）〕 | 110.25%〔＝（1+5%）×（1+5%）〕 |
| 累積報酬 | -9.75%〔=90.25%-1〕 | **10.25**%〔=110.25%-1〕 |

> 由此可知，反向1倍ETF累積報酬為10.25%，而非-9.75%（-9.75%×-1）

**數累積上漲的幅度更多。**

　　也由於以上的特性，只要遇到市場盤整，反向ETF和槓桿ETF的獲利很容易就會被侵蝕掉。

——以反向ETF為例

### 情況3》盤整時，標的指數累積下跌

| | 標的指數 | 反向1倍 |
|---|---|---|
| 第1日 | ↑4% | ↓-4% |
| 第2日 | ↓-6% | ↑6% |
| 價格漲跌幅 | 97.76%〔=（1+4%）×（1-6%）〕 | 101.76%〔=（1-4%）×（1+6%）〕 |
| 累積報酬 | -2.24%〔=97.76%-1〕 | **1.76**%〔=101.76%-1〕 |

> 由此可知，反向1倍ETF累積報酬為1.76%，而非2.24%（-2.24%×-1）

### 情況4》盤整時，標的指數累積上漲

| | 標的指數 | 反向1倍 |
|---|---|---|
| 第1日 | ↓-4% | ↑4% |
| 第2日 | ↑6% | ↓-6% |
| 價格漲跌幅 | 101.76%〔=（1-4%）×（1+6%）〕 | 97.76%〔=（1+4%）×（1-6%）〕 |
| 累積報酬 | 1.76%〔=101.76%-1〕 | **-2.24**%〔=97.76%-1〕 |

資料來源：台灣證券交易所

> 由此可知，反向1倍ETF累積報酬為-2.24%，而非-1.76%（1.76%×-1）

　　因此，投資人在進場買進反向 ETF 和槓桿 ETF 之前，應該先了解長期持有上述 2 種 ETF 時，容易產生 ETF 累積報酬率與追蹤指數累積報酬率偏離的情況，因而不適合長期持有，較適合短期交易的投資人。

## 圖解教學　查詢ETF所追蹤的標的指數

要如何查詢每一檔ETF所追蹤的標的指數呢？可以透過2個網站，包含公開資訊觀測站、台灣證券交易所官網。這兩者的差異在於，前者有總表可查詢，後者則無。

先來學會查詢總表。首先進入公開資訊觀測站（mops.twse.com.tw），接著在首頁點選❶「投資專區」展開選單，選擇❷「基金資訊」、❸「基金基本資料彙總表」。

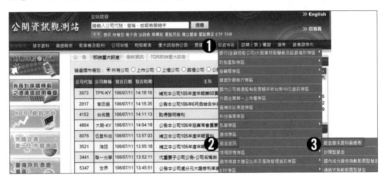

接著，就能看到目前在台灣掛牌的ETF相關資訊。例如❶元大台灣50（0050）全名為元大台灣卓越50證券投資信託基金，所追蹤的指數為台灣50指數。

| 基金代號 | 基金名稱 | 標的指數/追蹤指數名稱 |
|---|---|---|
| 0050 | 元大台灣卓越50證券投資信託基金 | 臺灣50指數 |
| 0051 | 元大台灣中型100證券投資信託基金 | 臺灣中型100指數 |
| 0052 | 富邦台灣科技指數證券投資信託基金 | 臺灣資訊科技指數 |
| 0053 | 元大台灣ETF傘型證券投資信託基金之電子科技證券投資信託基金 | 電子類加權股價指數 |
| 0054 | 元大台灣ETF傘型證券投資信託基金之台商收益證券投資信託基金 | S&P台商收益指數 |
| 0055 | 元大台灣ETF傘型證券投資信託基金之金融證券投資信託基金 | MSCI台灣金融指數 |
| 0056 | 元大台灣高股息證券投資信託基金 | 臺灣高股息指數 |
| 0057 | 富邦台灣ETF傘型證券投資信託基金之台灣摩根指數股票型基金 | MSCI®臺灣指數 |
| 0058 | 富邦台灣ETF傘型證券投資信託基金之台灣發達指數股票型基金 | 臺灣發達指數 |
| 0059 | 富邦台灣ETF傘型證券投資信託基金之台灣金融指數股票型基金 | 金融保險類股指數 |

STEP 3

若想要知道還有哪些ETF也追蹤台灣50指數，可利用鍵盤按下「Ctrl＋F」開啟搜尋功能，複製❶「台灣50指數」字樣，貼到對話框，接著按❷「下一個」，就能發現有❸4個相符項目，也就是有4檔ETF追蹤台灣50指數。包含元大台灣卓越50證券投資信託基金（0050）、富邦台灣采吉50證券投資信託基金（006208）、元大ETF傘型證券投資信託基金之台灣50單日正向2倍證券投資信託基金（00631L）、元大ETF傘型證券投資信託基金之台灣50單日反向1倍證券投資信託基金（00632R）。

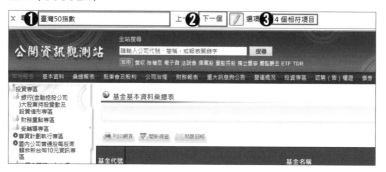

STEP 4

若要得知更詳細的資料，則可以透過台灣證券交易所網站（www.twse.com.tw）查詢，進入首頁後，將滑鼠移至❶「產品與服務」展開選單，點選❷「上市證券種類」項下的❸「ETF」。

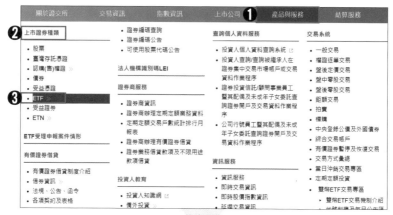

接續下頁

在左側點選❶「ETF商品資訊」，假設我們要查找追蹤指數成分股皆為國內的ETF，就點選❷「國內成分股ETF」，展開選單後選擇欲查詢的標的（此處以元大台灣50為例，點選❸「0050」），點選後進入下個頁面。

接著，畫面會顯示0050的商品資訊。若想進一步了解標的指數資訊，則點選上方灰色選項❶「標的指數資訊」。

就會出現❶標的指數名稱、指數編製機構、指數編製特色及指數編製機構網站等資訊。

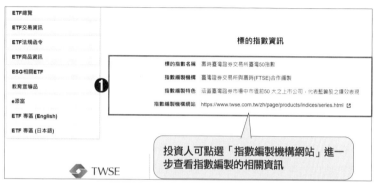

資料來源：公開資訊觀測站、台灣證券交易所

## 3-2 從成交量、折溢價 評估標的優劣

看到不同的 ETF 追蹤的是同一個標的指數，便不知道要選擇哪一檔才好？別擔心，其實在挑選 ETF 時，你可以透過以下 2 個關鍵數字來輔助篩選——成交量、折溢價，就能挑出好買賣又相對實惠的 ETF 囉！以下就來說明這 2 個關鍵數字。

### 成交量》挑流通性高標的，避開無人接手窘境

ETF 畢竟是在公開市場上流通的股票，如果沒有人願意買賣，那麼就會有流通性風險存在，投資人可能會遇到買不到、賣不掉的窘境，又或是價格跳動的幅度極大，因此，在挑選 ETF 時，應該要排除成交量過小的標的。過去甚至有因為成交量太低而下市的 ETF，例如：恒中國（0080）、恒香港（0081）與新台灣（0060），這 3 檔 ETF 的交易量偏低，有時候當日成交量只有個位張數，甚至掛零。

表 1

## 2024年上半年，0050平均每日成交1萬1084張

——2024年1月～6月元大台灣50（0050）成交明細

| 月份 | 加權平均價<br>（元） | 成交金額<br>（元） | 成交筆數<br>（筆） | 成交股數<br>（股） |
|---|---|---|---|---|
| 1 | 132.98 | 39,737,423,402 | 313,866 | 298,826,320 |
| 2 | 140.99 | 27,129,965,629 | 194,451 | 192,423,211 |
| 3 | 152.94 | 44,372,888,998 | 294,437 | 290,125,219 |
| 4 | 156.46 | 27,322,366,758 | 305,090 | 174,626,154 |
| 5 | 165.53 | 28,002,255,020 | 252,188 | 169,169,904 |
| 6 | 180.13 | 36,855,413,655 | 293,745 | 204,608,382 |
| 每月平均成交股數（股） | | | | 221,629,865 |
| 每月平均成交張數（張） | | | | 221,629 |
| 每個交易日平均成交張數（張） | | | | 11,084 |

註：每月交易天數以 20 日計算　　資料來源：台灣證券交易所

　　舉個反例，以知名的元大台灣 50（0050）來說，2024 年 1 月到 6 月平均每月成交股數為 2 億 2,162 萬 9,865 股，也就是每個月平均成交 22 萬 1,629 張，平均每個交易日成交 1 萬 1,084 張左右（詳見表 1）。

　　試想，如果投資人今天手上有 10 張股票，但這檔股票每天的交易量只有個位張數，想一口氣賣掉，便會出現無人接手的窘境，股價更會因此受到壓抑，但流通性較大的股票就不會有這種問題。

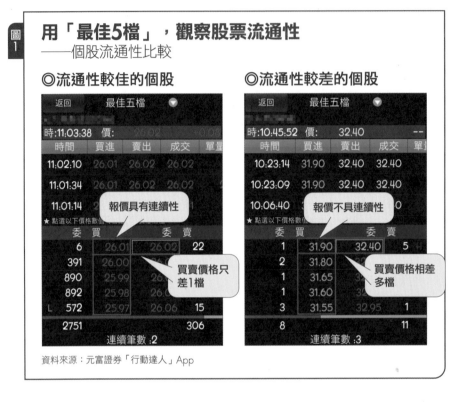

圖1

# 用「最佳5檔」，觀察股票流通性
——個股流通性比較

◎流通性較佳的個股　　　◎流通性較差的個股

資料來源：元富證券「行動達人」App

　　那麼要如何觀察成交量呢？其實就跟觀察一般股票的交易量一樣，或是可以觀察「最佳5檔」的價量變化。

　　通常流通性較佳的股票，其最佳5檔的報價會具有連續性，且買進跟賣出的報價會僅相差1檔；反之，流通性較差的股票，其最佳5檔的報價通常不具連續性，且買進跟賣出的報價差距較大（詳見

圖2

## 買賣ETF時,採「市價」交易
——淨值vs.市價

淨值 → 每單位淨資產價值

市價 → 市場上的買賣價格

圖1)。

## 折溢價》可看出投資人的買賣力道

流通性沒有問題,接著就來觀察「折溢價」。首先,我們要了解「淨值」跟「市價」的差異。

ETF 就跟共同基金一樣,淨值是從基金的總資產價值算出來的,代表的是每一單位,也就是每一股的真實價值,但是淨值並不是投資人在市場上交易的價格,我們在買賣時是用「市價」交易(詳見圖2)。一般狀況下,ETF 的淨值跟市價應該很接近,但仍會有些許差異,而淨值跟市價之間的落差就稱為「折溢價」(詳見圖3)。

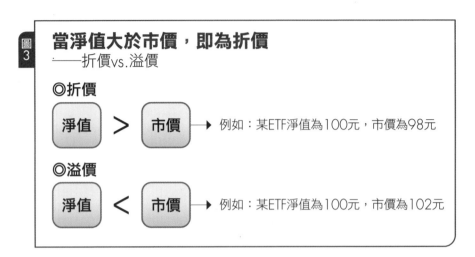

圖3

**當淨值大於市價，即為折價**
──折價vs.溢價

◎折價

淨值　>　市價　→　例如：某ETF淨值為100元，市價為98元

◎溢價

淨值　<　市價　→　例如：某ETF淨值為100元，市價為102元

　　當淨值大於市價，稱為「折價」，可以想成「原本價值較高的東西被『打折』交易」。舉例來說，某ETF的淨值為100元，但現在市價為98元，即為折價。

　　當淨值小於市價，稱為「溢價」，而「溢」這個字本來就有「充滿、過度」的意思，所以可以想成「原本價值較低的東西被高價交易」。舉例來說，某ETF的淨值為100元，但現在市價為102元，即為溢價。

　　不過多數公開資訊公布的都是「折價率」或「溢價率」（詳見圖4），藉由價差的比率來觀察價差是否過大或過小，才不會失真（詳

**用折溢價率判斷價差範圍是否合理**
——折溢價率計算公式

折溢價率 ＝ （市價－淨值） ╱ 淨值 ╳ 100%

【範例試算】
◎某ETF淨值為100元，市價為98元
（98－100）╱100×100%＝-2%→折價率

◎某ETF淨值為100元，市價為102元
（102－100）╱100×100%＝2%→溢價率

圖4

見圖解教學）。

　　舉例來說，某 ETF 淨值為 100 元，市價為 98 元、另一檔 ETF 淨值為 90 元，市價為 88 元，同樣都是折價 2 元，但實際上折價率分別是 -2%、-2.22%，後者的折價更為顯著。

　　什麼狀況下會產生折溢價呢？如果投資人看好這檔 ETF，使得買進的意願大於賣出意願，追價的情況下就可能產生溢價；但當投資人過度追捧，使得市價大幅超過 ETF 的淨值，溢價率飆高，後續就

算淨值增加恐怕市價也無力再反映往上。因此，看到溢價的ETF，我們只能判斷現在「買進力道大於賣出力道」，至於是否值得追價買入，則要視後市的情勢判斷。

如果ETF出現折價，則能判斷現在「買進力道小於賣出力道」，有可能是投資人一時恐慌，大家搶著賣，當折價過度時，可能會有套利資金進場買進，或者ETF發行商為負起造市責任進場買進，以減輕過度折價的問題，而當市場「回神」發現該ETF被低估而開始進場，讓ETF折價逐漸消失，投資人就有機會賺到價差。

但一般新手判斷力不足，建議看到高溢價或高折價的ETF先避開，否則很容易買到相對較貴的價格，或是買了之後ETF的市價繼續下探。投資人也可以從基金是否經常折價，來判斷該發行商是否善盡造市責任。

## 圖解教學　查詢ETF折溢價率

**STEP 1**

我們可以利用台灣證券交易所的網站（www.twse.com.tw），查詢ETF即時折溢價率。進入台灣證券交易所的網站後，點選畫面右上方的❶「基本市況報導」。

**STEP 2**

接著，在上方選單選擇❶「各項專區」、❷「ETF行情」、❸「集中市場ETF單位變動及淨值揭露」。

**STEP 3**

進入下一個頁面後，就能看到即時的❶「預估折溢價幅度」（即折溢價的比率）。以圖中的元大台灣50（0050）為例，預估折溢價率為「-0.03%」。

| ETF代號/名稱 | 已發行受益權單位數（註1） | 與前日已發行受益單位差異數 | 成交價 | 投信或總代理人預估淨值（註2） | 預估折溢價幅度（註3） | 前一營業日單位淨值（註4） | 投信公司網頁連結 | 資料時間 |
|---|---|---|---|---|---|---|---|---|
| 0050 / 元大台灣50 | 2,191,500,000 | 500,000 | 180.85 | 180.91 | -0.03 % | 178.76 | 投信網頁 | 2024/08/14-12:20:00 |
| 0051 / 元大中型100 | 21,000,000 | 0 | 78.7 | 78.49 | 0.27 % | 78.11 | 投信網頁 | 2024/08/14-12:20:00 |
| 0052 / 富邦科技 | 65,500,000 | 0 | 176.60 | 176.29 | 0.18 % | 174.01 | 投信網頁 | 2024/08/14-11:53:10 |
| 0053 / 元大電子 | 5,488,000 | 0 | 97 | 96.74 | 0.27 % | 95.65 | 投信網頁 | 2024/08/14-12:20:00 |

[國內成分證券ETF]-新台幣交易　　　隔 15 秒自動更新（元，交易單位）

資料來源：台灣證券交易所

# Chapter 4 擬定策略

## 長短線皆獲利

# 定期定額法
## 4-1 小資金也能累積高獲利

ETF（指數股票型基金）具備低波動、低費用、低風險的「3 低」優勢，讀者看了前面的篇章有沒有很心動呢？心動不如馬上行動，和我們一起來研究 ETF 的投資策略吧！

市場上有非常多種買賣 ETF 的策略，不同的 ETF 又有不同的操作方式。本篇要介紹的是最簡單的一種，如果投資人能夠紀律執行，平均每年能有超過定存 4 倍至 5 倍的獲利，這個策略就是「定期定額法」。「定期」是指固定時間投資，不管當時的股價高或低，反正閉著眼睛買下去就對了；「定額」是指每次投資的金額都一樣。

## ETF投資一籃子股票，成分股會定期汰弱留強

換句話說，定期定額法主要的觀念就是攤平成本。由於每次投入的金額固定，因此在股價高檔時，買到的單位數會少一點；在股價

圖
1

## 以低價持續買入，可降低平均投資成本
──定期定額法

初期購買　　　　　　　獲利賣出

低價持續買入

降低平均投資成本

低檔時，買到的單位數會多一點，平均下來每單位成本自然就會降低（詳見圖1），而且在股價下跌的時候更不能停止購買，否則就失去攤平成本的大好機會了。但是，一般投資人往往會擔心一直攤平下去，未來股價真會回來嗎？

單一公司的確不能用這樣方法攤平，因為公司會隨著產業變化或自身競爭力下降而下市甚至倒閉，但是投資一籃子股票的ETF，會定期汰弱留強，成分股不可能一夕之前全數倒閉，因此，投資人不需要擔心ETF會下市，反正股價總有一天會漲回來，投資新手就很適合這種傻瓜式的投資法。

Chapter 4

ETF 的種類非常多元，光是股票型 ETF 就包括全球、區域或單一市場（詳見 1-2）。因為股票型 ETF 包含的公司與產業非常多，不容易受到單一因素或單一產業的影響，而且產業的景氣會不斷循環，股價總有一天會再漲回來，所以最適合使用定期定額法來投資。產業型 ETF 有個別產業的因素，風險較為集中，而且景氣循環期可能會非常長，因此，投資前要有長期抗戰的心理準備。

拉長時間來看，用定期定額法投資全球指數、美股及台股的 ETF 一定會賺錢，因為從圖 2 的 3 張 K 線圖可以證明，全球指數、美股與台股的長期趨勢是持續向上、不斷創新高。

## 加權報酬指數計入配息，點位已逾4萬8000點

過去，曾有段時間，台股一直沒有辦法突破 1990 年 2 月所創下的歷史高點 1 萬 2,682 點，故引起投資人困惑：「哪裡有所謂的波段向上？」（但實際上截至 2024 年 8 月，台股已經高達 2 萬多點左右）這是因為「發行量加權股價指數」（簡稱加權指數）在除息後，會扣掉現金股利，所以指數就會下降。

不過，有一個指數叫做「發行量加權股價報酬指數」（簡稱加權報酬指數），是使用加權指數的精神，加權計算所有上市櫃公司的

圖
2

# 全球股市、美股、台股報酬皆呈現長期向上趨勢

## ——以全球股市及美股ETF、台灣加權股價報酬指數為例

## ◎iShares MSCI全世界ETF（ACWI）

## ◎SPDR標準普爾500指數ETF（SPY）

## ◎台灣加權股價報酬指數

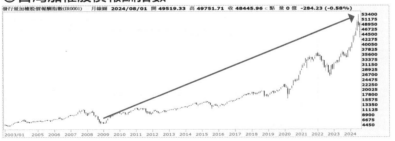

註：ACWI 和 SPY 單位為美元；ACWI 資料日期為 2008.03.31 ～ 2024.08.13、SPY 資料
日期為 2006.07.13 ～ 2024.08.20、台股加權股價報酬指數資料日期為 2003.01.02 ～
2024.08.01　　資料來源：XQ 全球贏家

市值，但是不會扣掉現金股利。換句話說，就是假設投資人拿到的現金股利會再投入股市，這才是符合長期投資的精神，因此，比較同一期間內，加權報酬指數整體向上的趨勢會比加權指數更加明顯。

台灣證券交易所 2003 年開始編列加權報酬指數（計算起始點為 2002 年 12 月 31 日大盤收盤價）主要概念就是以配息再投資的角度，計入加權指數，方法是每當有上市公司除息時，就會調整指數的基期，使得指數維持不變，不會因配息而降低。

加權指數與加權報酬指數在 2002 年 12 月 31 日的起始點都是 4,452.45 點，但是，到了 2024 年 8 月 14 日，加權指數收在 2 萬 2,027 點，加權報酬指數已經高達 4 萬 8,445 點，證明台股的確波動向上，不斷創新高。

## 全球經濟呈通膨趨勢，企業獲利會不斷向上

雖然股市短線是隨機波動，要抓到每波的低點買進、高點賣出，並非一般投資人可以辦得到，但是如果拉長時間來看，指數卻是長期向上，這是因為資本主義的經濟活動所致，所以長期來說，全球經濟大致是通膨趨勢，物價會上漲，企業整體營收與獲利也會同時向上。看到股市長線波動向上的趨勢，長期持有的報酬率非常驚人，

表1

## 15年定期定額投資0050，年化報酬率達7.69%
### ──全球市場vs.美國市場vs.台灣市場

| 區域 | 全球市場 | 美國市場 | 台灣市場 |
|---|---|---|---|
| 試算ETF標的（代碼） | Vanguard全世界股票 ETF（VT） | SPDR標普500指數ETF（SPY） | 元大台灣50（0050） |
| 每月投資成本（元） | 5,000 | | |
| 總投資成本（元） | 905,001 | 904,998 | 905,000 |
| 最終總資產（元） | 2,016,777 | 2,861,761 | 2,753,938 |
| 年化報酬率（%） | 5.48 | 7.97 | 7.69 |

註：1. 本表試算基準以收盤價為交易價格、股利再投入；2. 投資幣別使用新台幣試算，因匯率轉換因素，故總投資成本計算成果不一定呈現整數；3. 資料日期為 2009.08.06 ～ 2024.08.06
資料來源：MoneyDJ 理財網

投資人可能會問長期持有是指一開始就有一大筆資金投入，如果只有小錢，每月定期定額也有這麼好的績效嗎？答案是肯定的。

我們將眼光放在全球股市、美股與台股，並分別以 Vanguard 全世界股票 ETF（VT）、SPDR 標普 500 指數 ETF（SPY）和元大台灣 50（0050）為投資標的代表，試算看看近 15 年的定期定額投資年化報酬率，來觀察一下這樣的投資方式會帶來怎樣的績效表現（詳見表 1）。為了方便計算，並考量到選擇定期定額的投資人可能手上沒有太多現金，姑且以每月投入新台幣 5,000 元、股利加入本金

再投資、不計入手續費的情況下去試算,可得出不錯的成果。

　　看完表1數據,有沒有覺得嚇一跳?定期定額投資台股的年化報酬率,居然高於投資全球型股票!而就算績效表現略差於美股一點點,但並沒有落差太大,這樣的計算結果,是不是給予投資人很大的信心呢?其實,知名理財達人薛兆亨就曾經表示,因為台股波動較大,逢低攤平的效果更好,所以更適合使用定期定額的方式投資(詳見圖解教學❶)。

　　講到這裡,各位投資人是否已經躍躍欲試,想要開始定期定額投資台股ETF了呢?目前除了具代表性的元大台灣50和元大高股息(0056)以外,有許多適合定期定額投資的台股ETF,例如國泰永續高股息(00878)、富邦台50(006208),都深受投資人喜愛。如果想要試算不同個股標的定期定額的報酬率,可以上MoneyDJ理財網(www.moneydj.com),自行試算不同天期、不同金額的報酬率結果,並謹慎評估之。

## 定期定額可分為2種投資方式

　　自從2017年證券交易所開放國內證券商提供給投資人定期定額買台股或ETF的服務之後,參與定期定額的人數與投資金額年年攀

## 高股息與市值型為定期定額ETF熱門標的
### ──2024年7月ETF定期定額交易戶數前10名

| 排名 | 名稱 | 代碼 | 交易戶數 |
|---|---|---|---|
| 1 | 國泰永續高股息 | 00878 | 292,671 |
| 2 | 元大高股息 | 0056 | 267,916 |
| 3 | 元大台灣50 | 0050 | 254,394 |
| 4 | 富邦台50 | 006208 | 199,969 |
| 5 | 群益台灣精選高息 | 00919 | 125,800 |
| 6 | 元大台灣高息低波 | 00713 | 94,251 |
| 7 | 復華台灣科技優息 | 00929 | 81,945 |
| 8 | 富邦公司治理 | 00692 | 36,849 |
| 9 | 國泰台灣5G+ | 00881 | 29,798 |
| 10 | 元大臺灣ESG永續 | 00850 | 26,838 |

註：「交易戶數」統計包含經紀業務方式及財富管理業務方式辦理之定期定額交易資料
資料來源：台灣證券交易所

升，截至 2024 年 7 月，國內證券商承作之定期定額投資金額衝上 157 億 9,200 萬元，創下歷史新高。

另外，如同前文提到的，ETF 是「買進一籃子的股票」，相較於單一個股而言，投資風險又更分散一些，因此更適合拿來作為定期定額的投資標的；加上「存股」亦是近年來眾多投資人漸漸認同的投資趨勢，「定期定額買進 ETF」之浪潮可謂一種全民運動，勢不可擋。根據證券交易所的資料顯示，2024 年 7 月，定期定額交易

表3

## 定期定額被動下單無法自己決定買進價格
——2種定期定額方式比較

| 項目 | 主動下單 | 被動下單 |
|------|---------|---------|
| 優點 | ◎可以自己決定買進價格<br>◎可以享受觀察股市波動後下單的樂趣 | ◎只需要設定一次，之後就可以讓系統自動扣款<br>◎沒時間看盤也沒關係 |
| 缺點 | 需要自己花時間定期操作，可能有忘記的風險 | 無法自己決定買進價格，被動交給券商處理 |
| 共通處 | ◎皆可能買低或買高<br>◎長期平均下來，投資報酬率不會相差太多 | |

戶數最多的前 3 名的 ETF：國泰永續高股息、元大高股息、元大台灣 50，其中，國泰永續高股息的交易戶數就高達 29 萬 2,671 戶，相當可觀（詳見表 2）。

事實上，定期定額也可分為「主動下單」與「被動下單」2 種投資方式。前者是投資人「主動」於固定時間操作下單，例如每個月領薪水後進行一次，可以自己決定買進的價格；後者則是於下單系統上設定好定期定額扣款，「被動」讓券商將所有定期定額投資人的資金集合起來「團購」，這時「團購價」就非自己決定，股數也會隨著價格不同而有所異動。

值得一提的是，無論是主動或被動，都有可能買高或買低，因此並沒有絕對的好壞，只要把投資時間拉長，平均下來的報酬率亦不會相差太多，但被動設定的方式就非常適合沒有時間觀察股市波動的上班族，而主動下單的方式則可享受到下單的樂趣（詳見表 3、圖解教學❷）。

## 圖解教學❶ 試算ETF報酬率

**STEP 1**

首先，進入MoneyDJ理財網的首頁（www.moneydj.com），點選上方❶「ETF」。

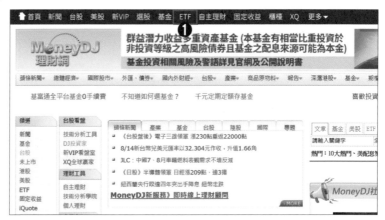

**STEP 2**

進入下一個頁面後，點選❶「工具」、❷「ETF投資策略」，再選擇❸「定期定額」。

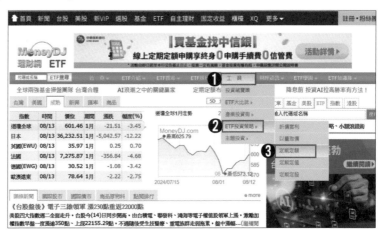

**STEP 3**

之後就會出現試算畫面，這時輸入標的代碼（此處以❶「0050」元大台灣50為例），接著再選擇開始扣款日（此處以❷「2014.08.01」為例）和贖回日（也就是結束日期，此處以❸「2024.08.01」為例），再填入每月扣款日（此處以1號為例，填入❹「1」）及每次扣款金額（此處以5,000元為例，填入❺「5000」），然後設定好其他條件，如幣值、股利是否再投入、手續費收費方式等，最後按下❻「試算」。

**STEP 4**

最後就會顯示，如果從2014年8月1日起，每個月定期定額投資5,000元，年化報酬率達❶「9.61%」。

資料來源：MoneyDJ理財網

129

## 圖解教學❷ 透過手機App每月自動下單ETF

**STEP 1**

以富邦證券定期定額買台股的業務為例，投資人開戶後，必須下載「富邦e點通」App，登入帳號密碼後，在首頁點選❶「台／美股定期定額」。

接著，再點選❷「台股定期定額」。

**STEP 2**

如果是第一次設定，要先選擇❶「商品查詢及約定」。

進入下一個頁面後，就能看到目前提供定期定額買台股的標的，也能看到目前的價格與最低投資金額。假設要定期定額買富邦台50（006208），就按下❷「約定」。

點選此處進行設定可以變更扣款日期與金額

點選此處進行設定可以停止定期定額買台股

**STEP 3** 進入此畫面，可以看到委託日期與股票商品資訊等，並在下方看到扣款日期與投資金額，目前系統只提供3個時間選項，分別是每月的6日、16日與26日，可以只扣1次，但是每個月可以再另外設定加碼扣款（此處先不勾選）。之後，勾選扣款日期（此處以每月❶「06日」為例），再填入投資金額（此處以3,000元為例，填入❷「3000」），最後按下❸「確認送出」。

| 委託日期 | 2024/08/13 |
|---|---|
| 交易類別 | 定期定額 |
| 商品類別 | 台股或ETF |
| 股票或商品 | 006208 富邦台50 |
| 股票商品資訊 | 追蹤台灣之臺灣50指數，精選市值前50大的上市公司作為成分股。 |
| 交易規則 | 商品交易規則說明 |
| 購買幣別 | 台幣 |

| 扣款日期 | 投資金額 |
|---|---|
| ☑06日 ❶ | 3000 ❷ |
| ☐ | |
| ☐26日 | |

☐加碼單次扣款

扣款日期　●06日 ○16日 ○26日
扣款金額　

[回上一頁]　[確認送出] ❸

**STEP 4** 預約的委託單將會從隔天生效，在扣款日的前一天，富邦證券會先把資金「圈存」（詳見名詞解釋）起來再買股，因此如果隔天剛好是預設的扣款日，代表來不及圈存資金，富邦證券會從下次的扣款日開始執行定期定額買台股。如果確認無誤後，就可以點選❶「確認」，就完成申請。

| 委託日期/時間 | 2024/08/13 下午16:50 |
|---|---|
| 委託確認日 | 2024/08/14 |
| 交易類別 | 定期定額 |
| 商品類別 | 台股或ETF |
| 股票或商品 | 006208 富邦台50 |
| 購買幣別 | 台幣 |
| 投資金額 | 每月06日 扣款金額:3,000 |

[取消]　[確認] ❶

資料來源：富邦 e 點通

---

**$ 名詞解釋**

### 圈存

指投資人在委託買進時，券商會透過證券存款戶的交割銀行，先把要買進的金額「圈存」起來，以確認投資人有實際購買力，確定成交後，該金額仍在客戶帳戶中，直到交割日才會完成扣款。

## 4-2 波段操作術
# 用「五線譜」抓買賣點

前一篇介紹用最基本的方法定期定額布局 ETF，非常適合投資新手，而資深投資人也可以每月定期提撥一筆閒置資金，透過長時間累積部位，作為基本核心持股。但是，如果投資人有大筆資金想進一步提高報酬率，則可以透過「五線譜投資法」，低買高賣賺波段價差。

## 進場後數月內可見獲利，但買賣機會不多

定期定額法和「五線譜投資法」波段操作有什麼差別呢？定期定額是不管股價高低，每月都持續買進，最好能扣滿一個微笑曲線，也就是由股價高點扣到低點，再由股價低點扣到高點。因為一個微笑曲線的週期長，所以要獲利往往需要長時間的等待。在定期定額扣款的過程中，投資人會看到未實現損益出現負值，需要有忽略虧損的能力，因此適合用小部位或閒置的資金投入。

表
1

## 五線譜投資法適合手上資金較為彈性的人
──定期定額法vs.五線譜投資法

| 項目 | 定期定額法 | 五線譜投資法 |
|------|-----------|-------------|
| 優點 | 設定一次即可，不需要盯盤，持續讓券商扣款就好了 | 由於買在低點，因此投資後較快出現正報酬 |
| 缺點 | 需要較長時間等待，帳上出現未實現損失時，心裡會不好受 | 需要定期跑線圖監控，可以出手投資的次數少，需要長時間空手等待 |
| 適合對象 | 1.資金較少的人<br>2.總是說要投資，卻都沒有實際行動的人<br>3.ETF的投資新手<br>4.想累積基本部位的資深投資人 | 1.通常適合擁有較大筆資金的人，但其實小金額也可以採用此法，因此整體而言適合手上資金較為彈性的人<br>2.有簡單電腦操作能力者<br>3.有行動力者 |

但是，透過「五線譜投資法」波段操作 ETF，通常不會「套牢」太深或太久，因為是在股價相對低點時才買進，所以再跌的機率較低、空間也有限。一般來說，投資人用這個方法買進後，幾個月內就能看到獲利，通常 3.5 年內會有 3 次～ 5 次的買賣機會，因此通常適用於擁有較大筆資金並可以用較大部位投資的人。

另外，定期定額法與「五線譜投資法」雖然適合不同類型的投資人，但是可以搭配使用，兩者各有優缺點（詳見表 1）。

透過「五線譜投資法」低買高賣 ETF，每次進場約能獲利 20%，為什麼「五線譜投資法」這麼厲害？因為它是使用統計學的方式，以股價的回歸直線（詳見名詞解釋）為中心，往上與往下各用 1 個標準差與 2 個標準差，共畫出 4 條線，如此一來共有 5 條線，而大盤通常會在這 5 條線之間擺盪（詳見圖解教學）。

## 利用統計學常態分布，抓出股價波動區間

從統計學常態分布的機率來看，當股價跌到趨勢線下面第 1 條線時，代表悲觀，股價再跌的機率為 15.8%；當股價再跌到趨勢線下面第 2 條線時，代表極悲觀，股價再跌的機率只剩下 2.2%。但是，當遇到國際「黑天鵝」事件，也是有可能繼續下跌。

反之，當股價漲到趨勢線上面第 1 條線時，代表樂觀，股價再漲的機率為 15.8%；當股價再漲到趨勢線上面第 2 條線時，代表極樂觀，股價再漲的機率只剩下 2.2%（詳見圖 1）。有了統計學的支持，

 **名詞解釋**

### 回歸直線

回歸直線是一種統計的方式，是利用過去的資料預測未來的走勢，由於畫出來的線為直線，稱為回歸直線，也稱為趨勢線。

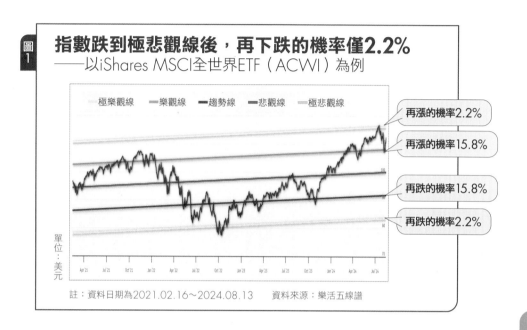

圖1

**指數跌到極悲觀線後，再下跌的機率僅2.2%**
——以iShares MSCI全世界ETF（ACWI）為例

極樂觀線　　樂觀線　　趨勢線　　悲觀線　　極悲觀線

再漲的機率2.2%

再漲的機率15.8%

再跌的機率15.8%

再跌的機率2.2%

單位：美元

Apr '21　Jul '21　Oct '21　Jan '22　Apr '22　Jul '22　Oct '22　Jan '23　Apr '23　Jul '23　Oct '23　Jan '24　Apr '24　Jul '24

註：資料日期為2021.02.16～2024.08.13　　資料來源：樂活五線譜

Chapter 4

投資人知道股價再漲或再跌的機率後，心中就有「譜」，就可以分配資金進行低買高賣。

　　沒有人可以準確地抓到股價的最高點與最低點，但是，我們可以透過五線譜這個工具，抓到股價相對低點或相對高點，並且分批買進、分批賣出，解決大多數投資人漲時不敢追、跌時不敢買，最後都無法下手投資的困擾。

　　「五線譜投資法」是台灣一位已故部落客艾倫（Allan Lin）所研

發出，概念是源自於在香港城市大學商學院工商管理碩士課程任教的曾淵滄博士，在 1993 年發表的「曾氏通道」。「曾氏通道」成功地預測香港恒生指數在 2000 年與 2007 年的崩盤，以及在 2003 年與 2009 年的觸底反彈，因此在香港造成轟動，被香港股市稱為「股戶明燈」。

## 用3.5年與10年區間作為參數，獲利高達20%

不過，「曾氏通道」僅用在恒生指數，而且是拿較為長期的資料來使用，但是如果試算不同時間長度的資料，例如 3 年、5 年，股價（或指數）就會出現在不同的位階。

在艾倫不斷地試算、回測各個國家的股市與 ETF 後，他提出了五線譜最容易抓到高低點的參數有 2 個：1. 平時可以使用 3.5 年區間作為低買高賣操作的參數；2. 如果想看到標的長線的趨勢，則可以使用 10 年區間作為參數（詳見圖 2）。

在一般情況下，追蹤指數的 ETF 只需要用 3.5 年區間即可以進場操作，當 10 年區間與 3.5 年區間都處於低位階時，更可以放心買進。艾倫親自試用到各國家指數的 ETF，都成功地抓到相對高低點，獲利 10% ～ 20%。

圖
2

# 設定不同的參數，指數在五線譜的位階就不同
——以南韓綜合指數3.5年區間與10年區間為例

## ◎3.5年區間

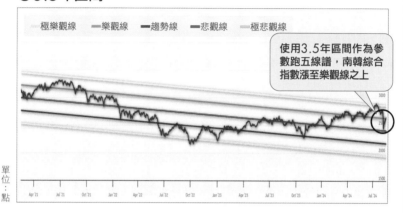

使用3.5年區間作為參數跑五線譜，南韓綜合指數漲至樂觀線之上

單位：點

## ◎10年區間

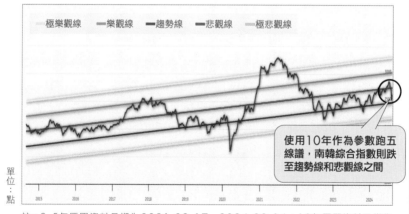

使用10年作為參數跑五線譜，南韓綜合指數則跌至趨勢線和悲觀線之間

單位：點

註：3.5年區間資料日期為2021.02.17～2024.08.14；10年區間資料日期為2014.08.25～2024.08.14
資料來源：樂活五線譜

艾倫原先是自己抓股價資料再用 Excel 統計、繪圖，後來「Alpha168 超額報酬一路發」站長（現已關站，改成經營臉書社團），同時也是高雄第一科技大學資訊管理系助理教授薛兆亨，以及財經作家，同時也是「tivo168_ 的投資理財 _Excel 應用教學」版主 tivo，2 人又合作將五線譜自動化做成網頁（invest.wessiorfinance.com/notation.html），讓一般投資人只需要輸入代號，就可以 1 秒鐘畫出全球大多數 ETF 的五線譜。

五線譜的原理是「均值回歸」，意思是股價即使跌到低檔也會再度回到高檔，即使漲到高檔也會再度跌到低檔，股價不可能一直在低檔，也不可能一直在高檔，會像鐘擺一樣，來回不斷地擺動。單一公司會因為人謀不臧或產業危機，使得股價崩跌不起，甚至是下市，但是，包含多家公司的 ETF 就不會有這種問題，所以五線譜非常適合應用在 ETF 上。

## 2 種投資策略，讓「五線譜投資法」更靈活

ETF 股價多低才能買進？多高才能賣出？五線譜有 2 種操作方式：

### 第 1 種》跌到極悲觀線時買進、漲到極樂觀線時賣出

這種操作方式最保守，遇到的次數較少，但是獲利的幅度比較大。

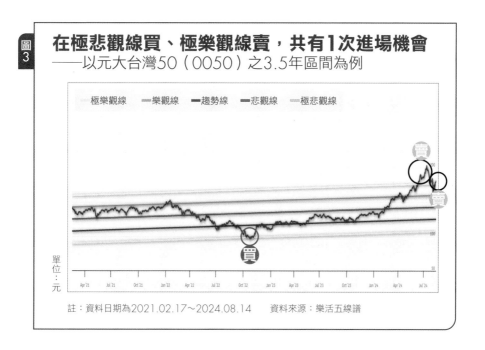

圖
3

**在極悲觀線買、極樂觀線賣，共有1次進場機會**
——以元大台灣50（0050）之3.5年區間為例

極樂觀線 ━樂觀線 ━趨勢線 ━悲觀線 ━極悲觀線

賣

買

單
位
：
元

Apr '21　Jul '21　Oct '21　Jan '22　Apr '22　Jul '22　Oct '22　Jan '23　Apr '23　Jul '23　Oct '23　Jan '24　Apr '24　Jul '24

註：資料日期為2021.02.17～2024.08.14　　　資料來源：樂活五線譜

以元大台灣 50（0050）為例，如果設定 3.5 年區間，總共有 1
次的買進機會與 2 次的賣出機會（詳見圖 3）。

### 第 2 種》跌到悲觀線時買進、漲到樂觀線時賣出

這種操作方式可以進出場的次數比較多，但是有可能錯過再上漲
的獲利空間，使得單次進出的獲利減少。

同樣以元大台灣 50 為例，如果設定 3.5 年區間，總共出現 6 次

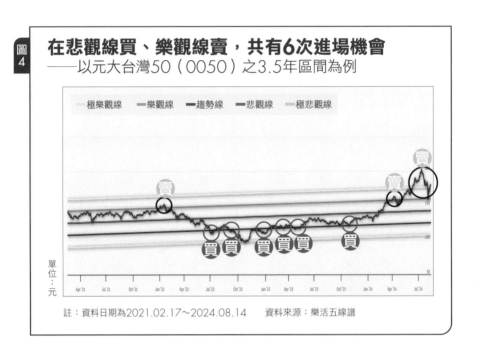

**在悲觀線買、樂觀線賣，共有6次進場機會**
——以元大台灣50（0050）之3.5年區間為例

圖4

註：資料日期為2021.02.17～2024.08.14　　資料來源：樂活五線譜

的買進機會與3次的賣出機會（詳見圖4）。元大台灣50的股價在悲觀線上下震盪的時間較久，因此提供更多的買進機會，同時也比較容易上漲到樂觀線，約有3次賣出機會。相較於第1種操作方式，是碰到極悲觀線才買進，進場機會只有1次，而且股價總是觸碰到極悲觀線後就上漲，比較容易錯過買進的機會。

利用「五線譜投資法」可以將觸角伸向全球的ETF，不用死守在台股，雖然台股現在掛牌的ETF也愈來愈多。目前在台股掛牌的原

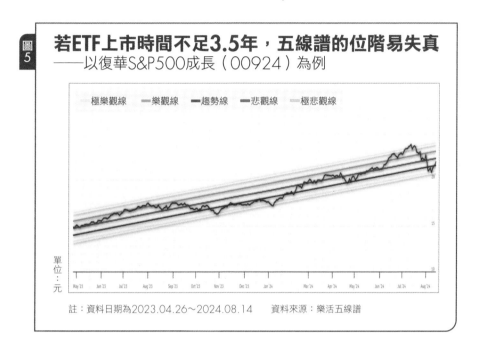

**圖5** 若ETF上市時間不足3.5年，五線譜的位階易失真
——以復華S&P500成長（00924）為例

極樂觀線　樂觀線　趨勢線　悲觀線　極悲觀線

單位：元

註：資料日期為2023.04.26～2024.08.14　　資料來源：樂活五線譜

生 ETF 中，追蹤的市場除了台灣之外，還橫跨美國、韓國、日本、中國、印度、歐洲等地（詳見 3-1）。

　　舉例來說，如果投資人看好美股的道瓊工業平均指數，就可以布局在台股掛牌的 ETF──國泰美國道瓊（00668），不用出國、不用開立國外券商帳戶、不用複委託，只要直接在台股的券商交易平台買賣就可以了，流程和買賣一般上市櫃公司的股票一模一樣，而且只需要用新台幣交割，對於資金的控管也比較方便。

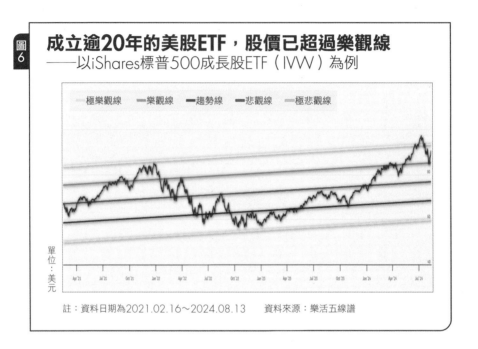

**圖6** 成立逾20年的美股ETF，股價已超過樂觀線
——以iShares標普500成長股ETF（IVW）為例

極樂觀線　樂觀線　趨勢線　悲觀線　極悲觀線

單位：美元

註：資料日期為2021.02.16～2024.08.13　　資料來源：樂活五線譜

## 若 ETF 上市不到 3.5 年，可用追蹤指數查詢

不過，要特別提醒投資人的是，在查詢五線譜時，記得要留意 ETF 成立時間是否不足 3.5 年。

以最新一檔在台掛牌、追蹤「標普 500 成長指數（S&P 500 Growth Index）」的復華 S&P500 成長（00924）為例，因為掛牌時間才剛滿 1 年多，所以跑出來的五線譜時間過短，這時看到的

五線譜位階就會失真（詳見圖 5）。

　那該怎麼解決這種類似的狀況呢？這裡提供給投資人一個小祕訣，那就是在產生五線譜的網站上，將標的改成輸入這檔 ETF 所追蹤的指數，因為 ETF 就是追蹤標的指數，漲跌都跟它息息相關，而通常來說，指數成立的時間會比 ETF 來得長，所以相對適合拿來跑五線譜。但是如果在五線譜網站上找不到該指數，則可以改用其他同樣追蹤該指數、且成立時間更悠久的海外 ETF 來查詢。

　例如，查看復華 S&P500 成長這檔 ETF 的五線譜，會以為目前股價在趨勢線和悲觀線之間。但若改用成立超過 20 年的 iShares 標普 500 成長股 ETF（IVW）查詢，會發現已經來到極樂觀線附近了（詳見圖 6）。

**圖解教學　查詢標的五線譜位階**

**STEP 1**

直接在Google搜尋「樂活五線譜」（invest.wessiorfinance.com/ notation.html），進入到該網頁，並將頁面往下拉，即可看到查詢處。接著，輸入想查詢的ETF名稱或股號，或者可參考畫面右側，網站有整理出全球常見的ETF，投資人可以直接點選查詢代碼。假設要查詢元大高股息（0056），可以直接在「股票名稱或代碼」處輸入❶「0056」。

再來，選擇觀察日期（此處以❷「2024.08.14」為例）與計算期間（系統預設為❸「3.5」年），也可以更改為10年，一般投資人可以選擇❹「非對數」與❺「收盤」即可，最後按下❻「繪圖」，即會跑出❼五線譜。

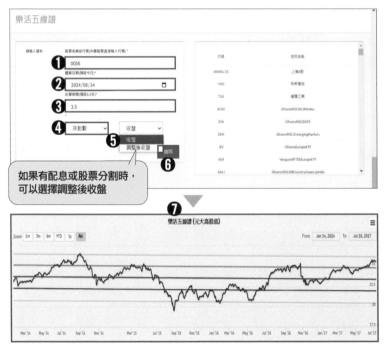

資料來源：樂活五線譜

144

Chapter 5
聰明布局
輕鬆賺遍全球

## 5-1 投資2檔台股ETF 年年領股利兼賺價差

投資台股的方式百百種，可以做波段賺價差，也可以存好股領股利。但你是否想做波段，卻又擔心風險太大，傻傻存股又覺得太無趣？有沒有兩全其美的方式呢？當然有！只要利用兩大台灣股票ETF——元大台灣50（0050）＋元大高股息（0056），你就能幫自己打造出一個存股兼賺波段的投資組合！

0050和0056真的有這麼威嗎？實際上該如何做，才能讓自己存股又賺波段呢？首先，讓我們先來了解，0050和0056到底是什麼？

## 0050》囊括台股前50大公司，走勢與大盤貼近

「0050」是元大台灣50的股票代碼，也是台灣投資人最耳熟能詳的一檔ETF，就算是不知道ETF這類投資商品的人都聽過

146

0050，它是台股最具代表性的 ETF，也是最受投資達人青睞的一檔 ETF。但元大台灣 50 究竟有什麼特異之處，能讓人人都說讚呢？

　　元大台灣 50 的前身是「寶來台灣卓越 50」，是台灣第 1 檔上市的 ETF，於 2003 年 6 月成立，所追蹤的「台灣 50 指數」是由台灣證交所和世界知名的富時指數公司合作編製，其成分股涵蓋了台灣股市中市值最大的前 50 家上市公司。

　　也就是說，元大台灣 50 最大的特色就是買進 1 張元大台灣 50 股票，就等於同時買進了台灣前 50 大最具代表性的公司，包括台積電（2330）、鴻海（2317）、台塑（1301）、中華電（2412）、聯發科（2454）、大立光（3008）、中信金（2891）等大型上市公司全部入列（詳見表 1）。

　　而這 50 檔前 50 大上市公司市值總和，就幾乎占整體台股市值的 8 成，因此元大台灣 50 與台股的走勢極為貼近、連動性極高。也就是說，當台股大漲時，元大台灣 50 就會跟漲；台股修正時，元大台灣 50 就會跟著回落，因此投資人若想參與台股大盤的波段走勢，元大台灣 50 就是最為理想的選擇。

　　而元大台灣 50 所追蹤的台灣 50 指數，成分股會隨著公司市值

表1

## 0050依台股上市公司市值決定持股權重
——元大台灣50（0050）成分股

| 名稱 | 代碼 | 持股權重（%） | 名稱 | 代碼 | 持股權重（%） |
|---|---|---|---|---|---|
| 台積電 | 2330 | 55.32 | 中　鋼 | 2002 | 0.62 |
| 鴻　海 | 2317 | 5.01 | 瑞　昱 | 2379 | 0.61 |
| 聯發科 | 2454 | 4.31 | 開發金 | 2883 | 0.60 |
| 台達電 | 2308 | 2.06 | 和　碩 | 4938 | 0.59 |
| 廣　達 | 2382 | 1.85 | 南　亞 | 1303 | 0.57 |
| 富邦金 | 2881 | 1.65 | 台新金 | 2887 | 0.55 |
| 聯　電 | 2303 | 1.57 | 光寶科 | 2301 | 0.53 |
| 中信金 | 2891 | 1.47 | 台　泥 | 1101 | 0.52 |
| 國泰金 | 2882 | 1.36 | 和泰車 | 2207 | 0.50 |
| 日月光投控 | 3711 | 1.29 | 欣　興 | 3037 | 0.47 |
| 中華電 | 2412 | 1.12 | 台　塑 | 1301 | 0.46 |
| 兆豐金 | 2886 | 1.09 | 長　榮 | 2603 | 0.45 |
| 玉山金 | 2884 | 0.99 | 世芯-KY | 3661 | 0.45 |
| 統　一 | 1216 | 0.94 | 奇　鋐 | 3017 | 0.41 |
| 華　碩 | 2357 | 0.94 | 台灣大 | 3045 | 0.39 |
| 元大金 | 2885 | 0.94 | 緯　穎 | 6669 | 0.39 |
| 聯　詠 | 3034 | 0.75 | 研　華 | 2395 | 0.38 |
| 永豐金 | 2890 | 0.73 | 遠　傳 | 4904 | 0.38 |
| 大立光 | 3008 | 0.73 | 統一超 | 2912 | 0.37 |
| 第一金 | 2892 | 0.72 | 台　化 | 1326 | 0.36 |
| 國　巨 | 2327 | 0.70 | 上海商銀 | 5876 | 0.36 |
| 緯　創 | 3231 | 0.68 | 中租-KY | 5871 | 0.30 |
| 合庫金 | 5880 | 0.68 | 亞德客-KY | 1590 | 0.28 |
| 智　邦 | 2345 | 0.67 | 台塑化 | 6505 | 0.19 |
| 華南金 | 2880 | 0.63 | 南亞科 | 2408 | 0.15 |

註：資料日期為 2024.08.21　　資料來源：元大投信

表
2

## 連續20年來，0050皆穩定發放現金股利
——元大台灣50（0050）歷年現金股利

| 發放年度（年） | 現金股利（元） | 發放年度（年） | 現金股利（元） |
|---|---|---|---|
| 2005 | 1.85 | 2015 | 2.00 |
| 2006 | 4.00 | 2016 | 0.85 |
| 2007 | 2.50 | 2017 | 2.40 |
| 2008 | 2.00 | 2018 | 2.90 |
| 2009 | 1.00 | 2019 | 3.00 |
| 2010 | 2.20 | 2020 | 3.60 |
| 2011 | 1.95 | 2021 | 3.40 |
| 2012 | 1.85 | 2022 | 5.00 |
| 2013 | 1.35 | 2023 | 4.50 |
| 2014 | 1.55 | 2024上半年 | 4.00 |

註：資料統計至 2024.08.15；2017 年起元大台灣 50 現金股利改為 1 年發放 2 次
資料來源：Goodinfo! 台灣股市資訊網

變動，指數公司會以季度為單位定期調整成分股，即在每年的 3 月、6 月、9 月、12 月針對當下的成分股進行審核（以審核生效日前 4 週的星期一收盤資料為基準，針對各成分股的企業市值去做汰弱留強），並在該月份的第 1 個星期五公布調整結果，接著於第 3 個星期五後的次一交易日正式執行。這樣的審核機制，讓投資人可以不花心力就一直持有台灣市值最大的 50 家上市公司，踩雷機率極低。

元大台灣 50 除了可以用來波段操作台股之外，元大台灣 50 每年

也穩定配息（詳見表 2）。自 2005 年起，除了 2009 年、2016 年之外，每年都至少配發 1.5 元以上股利，且年年填息，因此就算不做波段操作，持有元大台灣 50 也能每年有現金股利收入。

## 0056》以現金殖利率為擇股依據，大盤連動性較低

「0056」則是常與「0050」一併提起、比較的另一檔 ETF。「0056」就是元大高股息的股票代碼，跟元大台灣 50 一樣，元大高股息也是投資台股的 ETF，但不同的則是其選股標準（詳見表 3）。

元大台灣 50 的擇股標準是依照市值，元大高股息則是依照「現金殖利率」的高低篩選成分股。元大高股息所追蹤的是由證交所和富時指數公司合編的「台灣高股息指數」，會從「台灣 50 指數」和「台灣中型 100 指數」相加共 150 家公司中，預測未來 1 年現金股利殖利率最高的 50 家上市公司作為成分股。

而各成分股的比重則是依據現金殖利率來決定，也就是說，現金殖利率愈高的公司，占比會愈大。也因此，雖然元大高股息與台股的連動性不如元大台灣 50，但其高現金殖利率的特色，也吸引不少投資人的關注。了解元大台灣 50 和元大高股息是什麼、又有什麼特色之後，接下來就要進入實戰操作，教你如何同時操作這 2 檔

表3

## 0056涵蓋台股現金殖利率最高50檔個股
### ——元大台灣50（0050）vs.元大高股息（0056）

| 名稱（代碼） | 元大台灣50（0050） | 元大高股息（0056） |
| --- | --- | --- |
| 規模 | 3,962億4,000萬元 | 3,091億300萬元 |
| 選股標準 | 台股市值前50大公司 | 預測未來1年台股現金殖利率前50高公司 |
| 成分股檔數 | 50檔 | 50檔 |
| 成分股審核頻率 | 每季1次，每年共4次 | 每半年1次，每年2次 |
| 上市年份 | 2003年 | 2007年 |

註：資料日期為2024.08.15；0056原本只取30檔股票作為成分股，但自2022年12月起，擴增為50檔　　資料來源：元大投信

ETF，既能賺價差，又可以用現金股利幫自己賺年終獎金！

## 賺價差》觀察日K值，低買高賣0050

　　想要波段操作元大台灣50，其實一點都不難，只要懂得觀察技術線圖KD指標中的「日K值」，人人都能輕鬆低買高賣元大台灣50賺價差！利用日K值判斷元大台灣50的買賣進出場點是財經作家施昇輝的拿手絕招。他指出，投資人想利用日K值波段操作元大台灣50前，首先要判斷目前台股指數處於多頭市場或空頭市場（詳

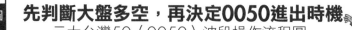

**先判斷大盤多空，再決定0050進出時機**
——元大台灣50（0050）波段操作流程圖

**1** **判斷大盤多空**
利用季線判斷大盤處於多頭或是空頭市場

**2** **進場時機**
◎若是多頭市場，台股日K值低於20時，開始進場買進元大
台灣50
◎若是空頭市場，則等到台股日K值低於10時，才進場買進
元大台灣50

**3** **出場時機**
◎若為多頭市場，等到台股日K值高於80，開始分批賣出
◎若為空頭市場，則等到台股日K值高於70時，開始分批賣出

見圖1），因為當市場為空頭市場時，操作元大台灣50的心態跟
手段就要偏向保守一點，降低被套牢的機率；當市場為多頭時，心
態跟手段就可以大膽一點，更積極操作。

至於要如何判斷台股大盤處於多頭或是空頭呢？一般來說，可以
觀察大盤K線圖，只要大盤指數跌破季線，也就是60日均線，且

圖
2

**台股跌破60日均線且持續5日，代表大盤轉空**
——台股加權指數日線圖

加權指數(TSE) 日線圖 2024/08/14 開 21952.03 高 22155.29 低 21942.22 收 22027.25 c 點 量 4183.46 億 +230.68 (+1.06%)
SMA60 16317.61↓

成交量 成交量 2650.50↑億 MA5 2458.73↓億 MA10 2629.04↓億

註：資料日期為2021.06.01～2022.06.30　　資料來源：XQ全球贏家

超過 5 天都沒有站回，那大盤就是開始轉空（詳見圖 2）；若是超過 1 個月以上都無法回到季線之上，那就是確認大盤進入空頭市場。反之，則維持多頭操作。

確認市場多空情勢之後，接著就要利用大盤 KD 指標中的「日 K 值」設定元大台灣 50 的進出場點。施昇輝指出，原則是當市場處於空頭時，則「日 K 值 < 10，分批買進，日 K 值 > 70，分批賣出」；當市場處於多頭時，則「日 K 值 < 20，分批買進，日 K 值 > 80，分批賣出」。

特別提醒的是，投資資金應該要分批進場，而不是看到日K值低於進場標準時，就將資金全部投入，一次梭哈。因為沒有人可以判斷日K值低於進場標準的時間會多久，可能只有1天，也可能會持續一陣子，若是在一開始就把資金全數進場，則有可能會錯過後續更佳的買點。

但若採用分批進場的方式，則可以愈便宜買愈多，達到平均成本、降低風險的效果，避免買在相對高點；反之，當日K值符合賣出條件時，也是採取同樣的做法。

根據統計，從2019年8月1日到2024年8月1日，這樣利用日K值低檔進場買進元大台灣50的機會，5年來共有近20次，也就是大約平均每年出現過4次用元大台灣50賺波段財的機會（詳見圖3、圖解教學）。

## 領股利》高殖利率且波動低，適合長抱

至於元大高股息又該怎麼投資呢？有別於元大台灣50波段操作賺價差，元大高股息其實是非常適合用來「存」的！為什麼這麼說呢？這是因為相比於元大台灣50，元大高股息的股價非常「牛皮」，近1年的股價多在32元至40元之間波動，並沒有什麼操作短線

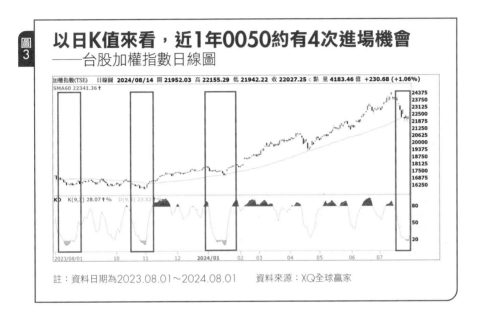

**圖3** 以日K值來看，近1年0050約有4次進場機會
──台股加權指數日線圖

加權指數(TSE)　日線圖　2024/08/14 開 21952.03 高 22155.29 低 21942.22 收 22027.25 c 點 量 4183.46 值 +230.68 (+1.06%)

SMA60 22341.36 ↑

KD　K(9,3) 28.07↑%　D(9,3) 23.52↑%

2023/08/01　10　11　12　2024/01　02　03　04　05　06　07

註：資料日期為2023.08.01～2024.08.01　　　資料來源：XQ全球贏家

波段價差的空間。不過，元大高股息卻有一個非常有利長期持有的
特色，就是「高殖利率」！

　　元大高股息每年都會配發現金股利，現金股利水準絕大多數在1
元以上，因此換算股價之後，平均每年現金殖利率多在5%以上的
水準（詳見表4），是現在銀行1年期定存利率水準的5倍！

　　因此與其傻傻地把錢存在銀行，領取僅1%左右的微薄利息，倒
不如將錢轉進安全性一樣很高，不會變成壁紙，但現金殖利率大勝

表4

## 近10年來，0056年均殖利率多在5%以上
——元大高股息（0056）歷年現金股利、殖利率

| 發放年度（年） | 現金股利（元） | 年均股價（元） | 年均殖利率（%） |
|---|---|---|---|
| 2024 年Q1～Q3 | 2.56 | 38.90 | 6.59 |
| 2023 | 2.20 | 32.00 | 6.87 |
| 2022 | 2.10 | 29.30 | 7.17 |
| 2021 | 1.80 | 33.20 | 5.42 |
| 2020 | 1.60 | 28.50 | 5.61 |
| 2019 | 1.80 | 26.90 | 6.70 |
| 2018 | 1.45 | 25.80 | 5.62 |
| 2017 | 0.95 | 25.20 | 3.78 |
| 2016 | 1.30 | 22.90 | 5.67 |
| 2015 | 1.00 | 23.10 | 4.33 |

註：資料統計至 2024.08.15；2023 年開始，0056 改為每季配息一次
資料來源：Goodinfo! 台灣股市資訊網

銀行定存利率的元大高股息，利用元大高股息幫自己存出一筆穩定又可靠的現金流。

此外，除了具備現金股利多的優勢之外，元大高股息還有「波動度低」的特性，因此也相對抗跌，整體報酬更加穩定。根據回測資料顯示，自 2015 年開始，投資人無論從哪一年開始定期定額，獲得的年化報酬率至少都有 7%，自 2021 年到 2023 年受惠於台股

表5

## 定期定額投資0056，年化報酬率皆在7%以上
——元大高股息（0056）定期定額年化報酬率

| 開始定期定額投資時間點 | 年化報酬率（％） |
|---|---|
| 2023年1月 | 15.96 |
| 2022年1月 | 13.73 |
| 2021年1月 | 10.47 |
| 2020年1月 | 9.63 |
| 2019年1月 | 9.14 |
| 2018年1月 | 8.69 |
| 2017年1月 | 8.29 |
| 2016年1月 | 8.08 |
| 2015年1月 | 7.80 |

註：資料統計至 2024.07.31；計算基準為每月投入 5,000 元、股利再投資、不計入手續費成本
資料來源：MoneyDJ 理財網

大多頭，甚至高達 10% 以上！儘管在空頭市場來臨時，元大高股息的股價也會受到衝擊，但是因為有股息的保護，反而提供投資人繼續持有甚至向下加碼的信心。整體而論，對投資人來說，是非常適合安心進場長抱的標的（詳見表 5）。

在了解元大高股息也非常適合定期定額投資之後，該怎麼設定要用多少資金投入呢？在此建議，不妨替自己設定每年的領息目標，

來推算每個月必須投入的金額，這樣存起來會更有效率，領息也會領得更有感！

舉例來說，假設第 1 年的目標是領息領到 6,000 元，若以 2024 年的年均殖利率 6.59% 來換算，可以反推第 1 年應該要投入約 9 萬 1,047 元（6,000 元 ÷ 6.59%）左右，平均分配到 12 個月，則每個月應該要投入約 7,600 元，以這樣的方式強迫自己儲蓄和存股，長期持之以恆下來，將能累積到一定規模的資金部位，並持續享有被動的股息收入（詳見圖 4）。

大致介紹完元大台灣 50 和元大高股息這 2 檔代表性的台股 ETF，也許投資人會問，如果這兩檔都想投資的話，資金的比重應該如何分配？簡單來說，如果要追求長期的資產增值，就選擇多分配一點資金給元大台灣 50，而若是比較在意領股息、創造可用現金流的投資人，則可以多分配一點資金給元大高股息。我們姑且以本金 1,000 萬元、於 2014 年年初投入並持有到 2023 年年底，且每年股息皆再投資的狀況來比較不同組合間的差異：

◎全部拿去投資元大台灣 50：年化報酬率為 12.56%。

◎全部拿去投資元大高股息：年化報酬率為 11.32%。

◎元大台灣 50 投入資金占 70%、元大高股息投入資金占 30%：

## 以配息目標與ETF殖利率估算每月投入金額
——ETF每月定期定額投入金額計算公式

$$每月定期定額投入金額 = 年度配息增加目標 / ETF年均殖利率 / 12個月$$

年化報酬率為 12.2%。

◎兩者資金對半，各投入 50%：年化報酬率為 11.96%。

◎元大台灣 50 投入資金占 30%、元大高股息投入資金占 70%：年化報酬率為 11.71%。

　　由此可見，只要投入元大台灣 50 的資金比重愈高，年化報酬率就愈高，代表你的資產增加幅度會愈高，所以如果你是還在工作的上班族，平時已有工資收入，股息也都可以再投入，那麼就建議多把資金分配給元大台灣 50，替自己創造較好的長期報酬；然而如果你已經退休，每月收入大幅減少，甚至零收入，故而必須動用到股息來應付日常開銷時，則可以選擇擁有較高現金殖利率的元大高股息，享受股利為你創造的可用現金流。

　　基於以上原則，我們設計了一個簡單易懂的表格供各位投資人參

表6

## 年齡愈低，投資元大台灣50的資金比重愈高
——以年齡配置0050與0056投資比重

| 年齡 | 公式（105減年齡） | 配置原則 |
|------|------|------|
| 25歲 | 105－25＝80 | 80%→0050；20%→0056 |
| 30歲 | 105－30＝75 | 75%→0050；25%→0056 |
| 40歲 | 105－40＝65 | 65%→0050；35%→0056 |
| 50歲 | 105－50＝55 | 55%→0050；45%→0056 |
| 60歲 | 105－60＝45 | 45%→0050；55%→0056 |
| 70歲 | 105－70＝35 | 35%→0050；65%→0056 |

考：「以105減去你的年齡，得到的數字就是投資元大台灣50的比率，剩下的則是投資元大高股息」（詳見表6）。這樣是不是更好理解了呢？而且也兼顧了現代人愈來愈長壽的現象，畢竟人老了以後，真的是最怕「人還在，錢卻已經花完了啊！」

**STEP 1**

首先登入Yahoo!奇摩股市首頁（tw.finance.yahoo.com），先點選❶「台股」，再點選❷「上市」。

**STEP 2**

進入台股集中市場的首頁後，點選❶「技術分析」。

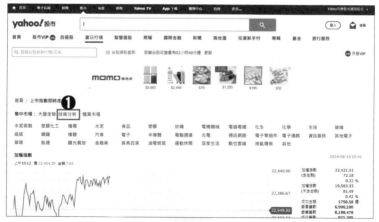

接續下頁

Chapter 5

**STEP 3** 在技術分析頁面中，點選成交量欄位的下拉選單，並且選擇❶「KDJ」。

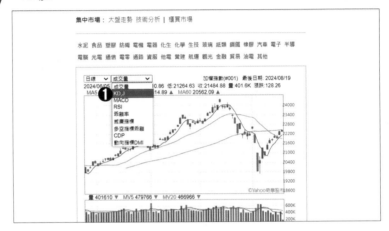

**STEP 4** 接著，將游標移動到❶想查詢的日期上，就會顯示該日大盤的❷日K值數據。

台股大盤當日的收盤指數

資料來源：Yahoo! 奇摩股市

## 5-2 錢進美股ETF 宜大量買進、長期持有

美國是全球的政治、經濟的龍頭，也是全球最發達的資本市場，美股更是全球最重要的股票市場，充滿成長以及創新力道，全球所有產業龍頭、新創產業的明日之星都齊聚美股市場中，例如可口可樂（Coca-Cola）、蘋果（Apple）都是。

你也想要成為蘋果、可口可樂的股東嗎？只要利用美股 ETF，你就能輕鬆參與美股的成長力道！在投資美股 ETF 之前，先來了解美股中最知名的 3 大指數。

### 道瓊工業平均指數》反映美國經濟，牽動全球股市

首先，要介紹的就是投資人最耳熟能詳的「道瓊工業平均指數」（Dow Jones Industrial Average Index，DJI，簡稱道瓊指數）。在台灣，當你每天早上收看財經新聞時，聽新聞主播播報前一晚美股收盤行情變化時，最先聽到的一定是道瓊指數的收盤行情，這是

## 表1 道瓊指數的成分股，在全球皆具重要地位

| 編號 | 公司名稱 |
| --- | --- |
| 1 | 3M |
| 2 | 美國運通（American Express） |
| 3 | 蘋果（Apple） |
| 4 | 波音（Boeing） |
| 5 | 卡特彼勒（Caterpillar） |
| 6 | 雪佛龍（Chevron） |
| 7 | 思科（Cisco） |
| 8 | 可口可樂（Coca-Cola） |
| 9 | 迪士尼（Disney） |
| 10 | 杜邦（DuPont） |
| 11 | 艾克森美孚（Exxon Mobil） |
| 12 | 通用電子（General Electric） |
| 13 | 高盛證券（Goldman Sachs） |
| 14 | 家得寶（Home Depot） |
| 15 | IBM |

註：依公司名稱第1個字母排序　　資料來源：CNNMoney

因為道瓊指數除了是美國3大股價指數之外，也是全球最具有影響力的股價指數，其漲跌不僅反映美國經濟，也牽動全球市場。道瓊指數創立於1896年，是全球歷史最悠久的股價指數之一。其成分股雖只有30檔，但都是歷史悠久、獲利穩定的超大型企業，在產業中具有極大的影響力和代表性，在全球也都有極高的知名度。

───道瓊指數30檔成分股

| 編號 | 公司名稱 |
|:---:|:---|
| 16 | 英特爾（Intel） |
| 17 | 嬌生（Johnson & Johnson） |
| 18 | 摩根大通（JP Morgan Chase） |
| 19 | 麥當勞（McDonald's） |
| 20 | 默克藥廠（Merck） |
| 21 | 微軟（Microsoft） |
| 22 | 耐吉（Nike） |
| 23 | 輝瑞藥廠（Pfizer） |
| 24 | 寶僑（P&G） |
| 25 | 旅行家集團（Travelers Companies） |
| 26 | 聯合科技（United Technologies） |
| 27 | 聯合健康集團（UnitedHealth） |
| 28 | 威瑞森電信（Verizon） |
| 29 | Visa |
| 30 | 沃爾瑪百貨（Wal-Mart） |

Chapter 5

例如，可口可樂、迪士尼（Disney）、蘋果、耐吉（Nike）、波音（Boeing）、美國運通（American Express）等眾所皆知的品牌和企業，都是道瓊指數的成分股（詳見表1）。

雖然會有人批評，道瓊指數只以 30 檔股票作為成分股，數量太

少，代表性恐有不足，但因為納入道瓊指數的 30 家公司，都是在全球具舉足輕重地位的企業，因此多數人普遍還是以道瓊指數作為美國總體經濟的判斷指數。

### 標準普爾 500 指數》採市值加權，貼近反映市場變化

標準普爾 500 指數（Standard & Poor's 500 Index，INX，簡稱標普 500 指數），即「S&P 500 指數」，其成分股來自美國 2 大股票交易所——紐約證券交易所和那斯達克（NASDAQ）交易所，選出美國上市企業中，符合市值、財務比例、流動性等標準，且權值較高的前 500 檔股票，作為成分股。

就產業分布來看，前 5 大產業以資通訊產業（Information Technology）占比最高，達 28.1%，其次則是保健產業（Healthcare）13.1%、金融產業（Financials）12.8%、非民生必需品消費產業（Consumer Discretionary）10.6%，以及電訊服務（Communication Services）8.7%。

也因為 S&P 500 指數包含的公司比起道瓊指數更多、產業更廣、代表性也強，因此普遍被認為更貼近反映市場變化，且 S&P 500 指數組成採用的是「市值加權」，更能反映公司股票在股市上的重要性，因此許多分析師在分析美股市場時，都會以 S&P 500 指數

作為依據。

## 那斯達克綜合指數》以高科技產業為主要成分

至於「那斯達克綜合指數」（Nasdaq Composite Index，IXIC，簡稱那斯達克指數），是美股 3 大股價指數中最年輕的一個，成分股來自於在那斯達克交易所上市的 5,000 多檔股票，最大的特色就是成分股以「高科技產業」為主。

舉凡創新產業、擁有新技術的公司，多集中在那斯達克交易所掛牌上市，除了大家熟悉的蘋果、微軟（Microsoft）、亞馬遜（Amazon）等知名科技公司，另外像是輝達（NVIDIA）、特斯拉（Tesla）等近幾年討論度相當高的科技公司皆是。

也正因為全球重要的高科技、創新公司都在那斯達克交易所掛牌，因此那斯達克指數可以説是反映了全球科技產業的趨勢，其走勢對於全球各市場的科技股都有指標性作用，幾乎全球科技股的走勢都會受到那斯達克指數表現的牽動（詳見表 2）。

# 用道瓊、S&P 500指數，參與美股向上趨勢

投資人若想要參與美股長期向上的成長趨勢，在美股 3 大指數中，

表
2

## S&P 500指數為衡量美股整體表現重要指標
──美股3大指數

| 3大指數 | 道瓊指數 | S&P 500指數 | 那斯達克指數 |
|---|---|---|---|
| 成分股數量 | 30檔 | 500檔 | 超過5,000檔 |
| 創立 | 1896年 | 1957年 | 1971年 |
| 特色 | 歷史最悠久、最具知名度的股價指數之一，精選股票皆為商譽佳、歷史悠久、持續成長的藍籌股 | 成分股為各產業最具代表性的龍頭股。因由市值前500大公司組成，可以説是整體美國股市總體衡量的指標 | 是全球科技股最重要指標，成分類股由電腦硬體、軟體、半導體、網路通訊、生化科技類股組成，其漲跌牽動全球科技股表現 |
| 台灣上市相關ETF（代碼） | 國泰美國道瓊（00668） | 元大S&P500（00646） | 富邦NASDAQ（00662） |

道瓊工業指數和 S&P 500 指數是最為適合的選擇（詳見圖 1），因為這兩個指數，除了在 2000 年科技泡沫時期和 2008 年金融海嘯時期出現明顯的空頭趨勢之外，其餘時間波動相對小，且上漲時間遠長於下跌時間。

相對之下，那斯達克指數因為以高科技股為主要成分，偏向產業型指數，產業循環期長，波動幅度較大的狀況之下，對於想要長期

# 道瓊指數、S&P 500指數長期走勢皆向上
## ——道瓊指數、S&P 500指數近30年走勢

## ◎道瓊指數日線圖

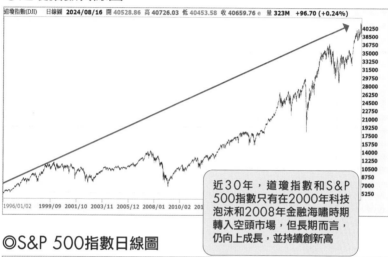

> 近30年，道瓊指數和S&P 500指數只有在2000年科技泡沫和2008年金融海嘯時期轉入空頭市場，但長期而言，仍向上成長，並持續創新高

## ◎S&P 500指數日線圖

註：資料日期為1996.01.02～2024.08.16　　資料來源：XQ全球贏家

投資的投資人來説將會是個挑戰。而面對像道瓊指數和 S&P 500 指數這樣長期向上、充滿成長力道的市場，利用 ETF 投資時，最好的策略就是「大量買進、且長期持有」。

## 將股利再投入，靠時間力量擴大複利效果

財經作家安納金指出，這是因為當面對一個長期上漲的市場，投資人若採取波段操作，進出市場，本以為賺到了波段報酬，但往往反而是在沒有部位時，錯過了更多的漲幅，且進出市場一來一往之間的交易成本，也會侵蝕獲利。

因此對於美股 ETF 最好的投資策略，最好就是投入後長期持有，並將獲得的股利再投資，讓市場發揮「滾雪球」的力量，也就是讓複利效果持續作用，使資產隨著市場向上而成長。

而要讓複利效果發揮到極致，就要靠時間的力量，因此如果能在一開始就有大筆資金投入當然是最好，這樣也能從一開始就領到更多的股利，擴大複利效果。

不過，現實中，許多人投資時資金通常難以一次到位，因此若是一開始資金沒有這麼多的人，安納金指出，採取長期定期定額投資，

### 長期投資道瓊工業指數ETF，單筆獲利勝定期定額
——以SPDR道瓊工業平均指數ETF分別採單筆、定期定額為例

| 單筆 | 比較項目 | 定期定額 |
|---|---|---|
| 240萬元 | 期初 | 每月投入1萬元 |
| 股利全部再投入 | 期間 | 每月1萬元，投入20年（240個月），並將全部股利再投入 |
| 約1,520萬元 | 期末 | 約859萬元 |

註：1. 投資標的為 SPDR 道瓊工業平均指數 ETF（DIA）；2. 投資期間為 2004.08.05 ～ 2024.07.31，以萬元為基本單位，不足萬元者，小數點四捨五入進位；3. 不計入手續費成本

資料來源：MoneyDJ 理財網

分批買進，也是不錯的方式，長期下來仍會有相當可觀的報酬收穫。

只不過，2 種方式比較之下，採定期定額方式者所獲得的報酬會低於單筆投入者。根據 MoneyDJ 理財網的試算結果，我們將投資時間拉長到 20 年，並以追蹤道瓊工業平均指數的代表性 ETF——SPDR 道瓊工業平均指數 ETF（DIA）為投資標的，投資期間皆把全部股利再投入，來分別看看單筆投入 240 萬元以及每月定期定額 1 萬元、總共投資 240 個月的狀況有何不同（詳見表 3）。

事實上，定期定額投資的成效已經表現得十分亮眼，20 年後可以

把總資產提升到大約 859 萬元，等於資產成長了約 258%！但若是從一開始就將 240 萬元全部投入，則會得到更驚人的結果——總資產滾到約 1,520 萬元，報酬率高達 533%！

　　因此，呼應前文所述，我們可以再次確認，面對這種趨勢長期向上的美股市場，單筆投入的效果會優於定期定額，假設投資人手上握有比較多的資金，不妨考慮看看這樣的投資方式，更能享受到時間帶來的複利成果。

## 5-3 短期布局反向ETF 避險又能賺放空財

反向型 ETF 是一個用現股就可以做空的投資工具，買賣流程簡單又方便，適合絕大部分的投資人使用。

投資人有沒有這樣的經驗，當你看準台股即將下跌，但是沒有（或不想）開立信用交易帳戶（融資券）或期貨戶頭來做空，而眼睜睜看著股市下跌卻沒有賺到錢？或遇到國際大事件導致股市重挫，滿手股票想短期避險卻苦無工具？

## ETF交易方式如現股，不需保證金

過去，投資人看空股市（大盤）時，只能用期貨、選擇權、權證等衍生性金融商品做空，看空個股時則多用融券，頂多加上個股期貨或權證。其中，期貨、選擇權需要另外開立帳戶並且存入保證金，和操作股票的方式不一樣，而融券則需要另外提出財力證明，讓不

表1

## 反向型ETF屬有價證券，因此不需開立保證金帳戶
——目前台股5種放空工具比較

| 項目 | 反向型ETF | 期貨 | 選擇權 | | 權證 | 融券 |
|---|---|---|---|---|---|---|
| | | | 買 | 賣 | | |
| 型態 | 有價證券 | 衍生性金融商品 | 衍生性金融商品 | | 衍生性金融商品 | 信用交易 |
| 開立保證金帳戶 | × | ○ | ○ | | × | ○ |
| 保證金追繳 | × | ○ | × | ○ | × | ○ |
| 到期壓力 | × | ○ | ○ | | ○ | ○ |
| 報酬率固定槓桿倍數 | ○ | × | × | | × | 依法令規定 |

註：融券需開立信用交易帳戶　　　資料來源：元大投信

少投資人嫌麻煩。現在，有了反向型 ETF，以上麻煩的程序統統都不需要。如果投資人看空台股後市，只要在開盤時，直接買進反向型 ETF 就可以，一旦當天大盤下跌，反向型 ETF 就會上漲。另外，ETF 的買賣方式與股票一樣，因此是目前市場上最直接，也最簡單的做空工具（詳見表1）。

　　反向型 ETF 是看跌的 ETF，目前國內發行的反向型 ETF 都是 1 倍的產品，意思是，假設你認為今天標的會下跌 1% 而買進反向型 ETF，在不考慮折溢價等情況下，理論上，標的會上漲 1%。

表2

## 台灣50指數包含50檔上市股票，占台股比重80%
——台灣50指數vs.加權指數

| 比較項目 | 台灣50指數 | 加權指數 |
|---|---|---|
| 成立時間 | 22年（2002年） | 58年（1966年） |
| 市值占比 | 80% | 100% |
| 產業類別 | 17類 | 32類 |
| 標的檔數 | 50檔 | 999檔 |

註：資料統計至 2024.07.31　　資料來源：Bloomberg、群益投信、玩股網、台灣證券交易所

　　連結台股的反向型 ETF 共有 4 檔（資料統計至 2024.08.19），包括元大台灣 50 反 1（00632R）、國泰臺灣加權反 1（00664R）、富 邦 臺 灣 加 權 反 1（00676R），以 及 群 益 臺 灣 加 權 反 1（00686R）。除了元大台灣 50 反 1 是追蹤台灣 50 指數的反向型 ETF 之外，其他都是追蹤台灣證券交易所發行量加權股價日報酬反向 1 倍指數（簡稱「台指反向 1 倍指數」）。

　　台灣 50 指數與加權指數所涵蓋的範圍並不相同（詳見表 2），台灣 50 指數是加權指數中，市值前 50 大的個股所編製的指數，並非是整個加權指數，因此，元大台灣 50 反 1 的漲跌幅，目標是要接近台灣 50 指數的漲跌幅，而非加權指數的漲跌幅。

但由於元大台灣 50 反 1 是台股第 1 檔的反向型 ETF，它在 2014 年 10 月 31 日就已經上市，其他投信都是 2016 年與 2017 年才推出（反向型 ETF），因此，元大台灣 50 反 1 搶得先機，是投資人最熟悉的反向型 ETF。

## 流通性佳，元大台灣50反1成為避險工具

因為流通性較佳、買賣快速，所以目前元大台灣 50 反 1 仍然是成交量與規模最大的反向型 ETF，而且實務上，因為元大投信是透過不少加權指數期貨部位來放空，達到反向型 ETF，所以目標雖然是台灣 50 指數的負報酬，但實際上也滿接近加權指數的負報酬，因此有不少投資人會以元大台灣 50 反 1 作為看空或避險的工具。

另外，雖然元大台灣 50 反 1 的流動性好，報價的折溢價幅度最小，能夠更貼近淨值表現，但是成本也比較高，如果投資人持有較久，成本累積也會很可觀，其他比較晚推出的反向型 ETF，只能以較低的成本來吸引投資人的目光。目前連結台股的 4 檔反向型 ETF，都會收取管理費與保管費（詳見表 3）。

雖然反向型 ETF 有很多優點，但是要記住，反向型 ETF 只適合短期持有，原因有 3 個（詳見圖 1）：

表3

## 反向型ETF保管費皆為0.04%，管理費最高為1%
### ——4檔連結台股的反向型ETF之交易成本比較

| 投信 | 群益投信 | 富邦投信 | 國泰投信 | 元大投信 |
| --- | --- | --- | --- | --- |
| 名稱 | 群益臺灣加權反1 | 富邦臺灣加權反1 | 國泰臺灣加權反1 | 元大台灣50反1 |
| 股號 | 00686R | 00676R | 00664R | 00632R |
| 管理費（%） | 0.30 | 0.65 | 0.75 | 1.00 |
| 保管費（%） | 0.04 | 0.04 | 0.04 | 0.04 |
| 每股價格（元） | 2.33 | 2.15 | 3.85 | 3.43 |

註：1. 資料日期為 2024.08.19；2. 其中「每股價格」以 2024.08.19 當天的收盤價計算
資料來源：各券商、XQ 全球贏家

### 原因 1》大盤區間波動時，不利反向型 ETF

反向型 ETF 每天與指數會反向接近 1 倍，但是標的每天都會重設，如果遇到大盤連續下跌時，反向型 ETF 會漲得比大盤還多；如果遇到大盤區間波動時，淨值就會被侵蝕掉（詳見 3-1）。

### 原因 2》反向型 ETF 需支付管理費

加權指數或台灣 50 指數是不含管理費用，但是，反向型 ETF 都需要另外支付管理費與保管費，最低每年需要再增加 0.34% 成本、最高每年需要再支付 1.04% 成本，這也會導致指數與反向型 ETF 的偏差。

### 原因 3》反向型 ETF 不配息

雖然 ETF 是以追蹤指數為目標，但實際上大家看到的指數都不含息。舉例來說，元大台灣 50（0050）是包含 50 檔股票，每年必定會拿到公司派發的股利，而元大台灣 50 再發給持有該 ETF 的投資人，因此實際報酬率應該是台灣 50 指數再加上股利，證交所有編製台灣 50 報酬指數，是指台灣 50 指數加上股利的指數，提供給投資人參考。

但是，放空台灣 50 指數成分股，投資人當然就沒有股利可以拿，如果看錯，是賠了股利又賠了價差，如果剛好在除權息期間買進元大台灣 50 反 1，結果台灣 50 指數上漲，反向型 ETF 的跌幅其實是台灣 50 指數的漲幅再加上息值，因此會有反向型 ETF 的跌幅超過台灣 50 指數漲幅的感覺。

## 一旦遇到2大時機，就適合操作反向型ETF

反向型 ETF 雖然簡單操作，但是卻無法長期持有，那麼到底什麼時間適合操作反向型 ETF ？

以下是 2 個操作反向型 ETF 的好時機：1. 一般投資人遇到市場重大事件時，為高持股避險；2. 波段操作者判斷行情即將反轉時，可

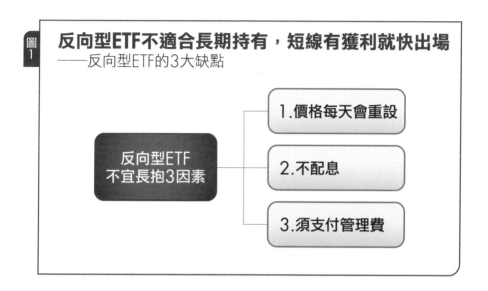

**圖1** 反向型ETF不適合長期持有，短線有獲利就快出場
── 反向型ETF的3大缺點

反向型ETF
不宜長抱3因素

1.價格每天會重設

2.不配息

3.須支付管理費

以短期做空。

### 時機1》遇到市場重大事件

元大台灣50反1經理人陳威志說明，反向型ETF非常適合手中已經有持股，但是想規避大盤系統性風險的投資人，可以視為買保險的觀念。當風險發生時或風險結束後，投資人就應該賣出反向型ETF。

假設持股較高的投資人，覺得未來行情仍有機會震盪向上，因此想持續抱股，但是又怕出現國際重大利空消息，造成股價短期有回

測支撐點的風險，此時就能布局 1 成～ 3 成的資金在反向型 ETF，以降低持股的曝險水位，等到確認股價止跌或重大利空消息解除，就賣掉反向型 ETF，恢復較高持股水位。

舉例來說，如果投資人手中持股部位有 100 萬元，並且研判後續行情仍有機會向上，但是大盤可能會先跌 15%，此時可以將持股直接降到 7 成或將 3 成資金轉向反向型 ETF 避險。

如果是把持股降至 7 成，當大盤下跌 15%，最大虧損是 10 萬5,000 元（＝ 70 萬元 ×15%）；如果是買進 30 萬元的反向型ETF，當大盤下跌 15%，100 萬元會虧損 15 萬元（＝ 100 萬元×15%），但是，30 萬元的反向型 ETF 可以獲利 4 萬 5,000 元（＝30 萬元 ×15%），整體損失為 10 萬 5,000 元，因此，兩者操作方式虧損一模一樣。

## 時機 2》行情即將反轉

波段操作者判斷行情即將向下時也可以透過反向型 ETF 做空，期貨、選擇權，甚至是融券，都有可能會被「斷頭」，只有反向型ETF 沒有這個問題，因為反向型 ETF 沒有到期日不需被結算、沒有除權息不會被強制回補，也不是融券或期貨，沒有保證金不足被斷頭的問題。

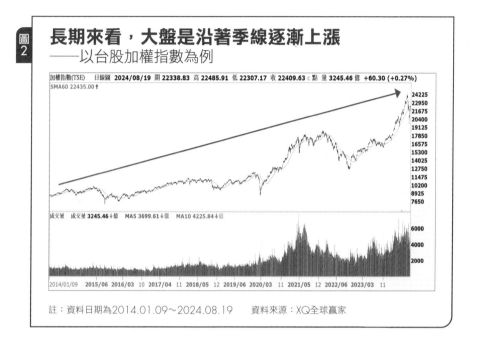

**圖 2** 長期來看，大盤是沿著季線逐漸上漲
——以台股加權指數為例

加權指數(TSE)　日線圖　2024/08/19　開 22338.83　高 22485.91　低 22307.17　收 22409.63 c 點　量 3245.46 億　+60.30 (+0.27%)
SMA60 22435.00↑

成交量　成交量 3245.46↓億　MA5 3699.61↓億　MA10 4225.84↓億

2014/01/09　2015/06　2016/03　10　2017/04　2018/05　12　2019/06　2020/03　11　2021/05　12　2022/06　2023/03　11

註：資料日期為2014.01.09～2024.08.19　　　資料來源：XQ全球贏家

如何判斷行情即將下跌？觀察技術線型中的季線是個不錯的方式
（詳見圖2）。當大盤跌破季線時，可以買進反向型 ETF 搶短空，
達到設定的獲利目標或設定的持有時間就出場。

## 放空ETF與買進反向型ETF，兩者存在5大差異

可能有許多投資人會問，元大台灣 50 不是也可以融券做空嗎？
這樣和直接買進元大台灣 50 反 1 有什麼差別呢？其實，這兩者主

要有以下 5 個差異：

### 差異 1》反向型 ETF 的報酬率長期會偏離

反向 1 倍的 ETF 是指數單日報酬的負 1 倍，不過，因為反向型 ETF 是每日調整曝險機制，所以當日指數與反向 1 倍 ETF 的漲跌幅會十分接近，但是，一旦拉長時間，報酬率就會有偏離。放空 ETF 不會有偏離的問題。

### 差異 2》反向型 ETF 無追繳保證金問題

融券需要先繳交保證金與借券費，如果股價不如預期下跌反而是上漲，有可能面臨追繳保證金的問題。但是反向型 ETF 不會被追繳保證金。

### 差異 3》放空 ETF 可能會遇到券源不足

實務運用上，ETF 或個股都需要有融資，才會有券可以去融券放空，但是，當市場大跌時，一般投資人想要放空 ETF，常常會遇到券源不足導致無法放空的狀況。反向型 ETF 是買進現股，不會有券源不足的問題。

### 差異 4》反向型 ETF 的資金門檻低

放空 1 張元大台灣 50 大約需要 16 萬 5,285 元（以 2024 年 8

月 19 日收盤價 183.65 元為例，9 成保證金計算，但不計入融券所需的其他稅費），但是使用反向型 ETF 避險或做空，資金門檻低。以買進一張元大台灣 50 反 1 來説，只要 3,430 元（以 2024 年 8 月 19 日收盤價 3.43 元為例，皆不計算交易成本）。

### 差異 5》反向型 ETF 不需回補

反向型 ETF 沒有強制回補的到期壓力，但是融券做空可能面臨除權息時，停資券的強制回補風險。

再次提醒，美股或台股市場都是長期走多的格局，反向型 ETF 絕對不適合長期持有，持有愈久只會損失愈多。反向型 ETF 只是一項短期的操作工具，若對於市場方向沒把握，千萬不要貿然進場。如果已經進場，卻發現自己看錯方向，又該怎麼辦？及時停損出場是最佳選擇！

事實上，對於一般投資人來説，看空股市時，與其用反向 ETF 賭一把，還不如多留一些現金在身邊，若真的轉為空頭，反而是慢慢撿便宜的時機；而已經有在定期定額的人，則可以增加扣款金額，等待市場重返榮耀，長期而言會是比較容易成功的做法。

Chapter 6

# 深入解析

## 6檔市值型ETF

## 6-1 富邦台50》元大台灣50的孿生兄弟

　　我們在 5-1 認識了元大台灣 50（0050）和元大高股息（0056）這 2 檔具代表性的 ETF 之後，可以知道，跟前者同類的「市值型 ETF」與跟後者同類的「高息型 ETF」都頗受投資人歡迎，而其中，有愈來愈多的台股市值型 ETF 掛牌上市，截至 2024 年 8 月 19 日止，包含歷史最悠久的元大台灣 50 在內，台灣共有 15 檔台股市值型 ETF 可供投資人參考（詳見附錄）。

　　在選擇變多的情況下，也許有些投資人會問，有沒有什麼標的是可以取代元大台灣 50，又能繼續享有與大盤連動性高的優勢呢？畢竟，現在元大台灣 50 的股價大多落在 150 元～ 180 元之間，與多年前的狀況已不可同日而語，即使能買進零股，對一般小資族來說也不算太親民，因此第 6 章將特別篩選出 6 檔近年來熱門的市值型 ETF，有些 ETF 甚至成立不到 3 年，值得觀察也較好入手，提供給投資人一個新的方向。

表
1

## 006208規模已達1197億元
——富邦台50（006208）基本資料

| | |
|---|---|
| 掛牌時間 | 2012.07.17 |
| 追蹤指數（簡稱） | 台灣50指數 |
| 成分數（檔） | 50 |
| 每股發行價（元） | 30 |
| 規模（億元） | 1,197（2024.07.31） |
| 投資特色 | 追蹤台灣50指數的績效表現，即投資市值前50大的上市公司；走勢與大盤連動性高 |
| 指數調整頻率（月份） | 每年4次（3月、6月、9月、12月） |
| 收益分配（除息月份） | 半年配（7月、11月） |
| 預估領息時間 | 8月、12月 |
| 收益平準金 | 無 |
| 風險報酬等級 | RR4 |
| 總管理費用 | 0.25%（2023總年度） |
| 保管機構 | 第一商業銀行 |

註：資料日期為 2024.07.31　　資料來源：富邦投信、MoneyDJ 理財網

## 006208與0050同樣追蹤台灣50指數

首先，提到市值型 ETF，就不能不提到富邦台 50（006208，詳見表 1），它跟元大台灣 50 一樣，都是追蹤「台灣 50 指數」（詳見 5-1），並同樣採用「完全複製法」，因此不少投資人會暱稱它為「0050 的孿生兄弟」；同時，也因為股價相對低廉，僅有元大

**表2** **006208持股與0050相同，但權重有些微差異**

| | 富邦台50（006208） | | |
|---|---|---|---|
| 排名 | 名稱 | 代碼 | 持股權重（%） |
| 1 | 台積電 | 2330 | 55.49 |
| 2 | 鴻海 | 2317 | 5.27 |
| 3 | 聯發科 | 2454 | 4.39 |
| 4 | 台達電 | 2308 | 2.06 |
| 5 | 廣達 | 2382 | 1.79 |
| 6 | 富邦金 | 2881 | 1.63 |
| 7 | 聯電 | 2303 | 1.56 |
| 8 | 中信金 | 2891 | 1.51 |
| 9 | 國泰金 | 2882 | 1.35 |
| 10 | 日月光投控 | 3711 | 1.24 |

註：資料日期為 2024.08.21　　資料來源：富邦投信、元大投信

台灣 50 的 6 成左右，故也有「平民版的 0050」之稱，對於許多想要追求 0050 績效但沒有足夠資金的投資人來説，可謂第一替代方案。

富邦台 50 在 2012 年成立，至今也有 12 年的歷史，規模累積到 1,197 億元，在台股市值型 ETF 中，僅次於元大台灣 50 的 3,857 億元，如此之大、千億元等級以上的規模，不只讓投資人較無須擔

——006208 vs.0050前10大成分股

| 元大台灣50（0050） | | |
|---|---|---|
| 名稱 | 代碼 | 持股權重（％） |
| 台積電 | 2330 | 55.32 |
| 鴻　海 | 2317 | 5.01 |
| 聯發科 | 2454 | 4.31 |
| 台達電 | 2308 | 2.06 |
| 廣　達 | 2382 | 1.85 |
| 富邦金 | 2881 | 1.65 |
| 聯　電 | 2303 | 1.57 |
| 中信金 | 2891 | 1.47 |
| 國泰金 | 2882 | 1.36 |
| 日月光投控 | 3711 | 1.29 |

心下市危機，也代表了其市場認可度高、受益人數眾多，流動性的表現亦佳。

　　而因為追蹤指數相同的關係，所以富邦台50的長期績效跟元大台灣50會非常接近，除此之外，成分持股、指數調整頻率也會相同，只是在權重上略有差異（詳見表2）。產業布局方面，富邦台50和元大台灣50皆以半導體產業為主，截至2024年6月底的資料

顯示，兩者在半導體產業的比重皆超過 6 成以上，這個趨勢也可以反映在表 2 的持股權重上，我們可以看到，兩者的成分股當中，皆以台積電（2330）為首，再來則是排名第 2 的鴻海（2317），以及排名第 3 的聯發科（2454）。不過，這也指出一個弱點，即兩者的績效均會受到台積電股價滿大的影響。

## 006208總管理費用、年化報酬率優於0050

無論是買賣交易或持有 ETF，投資人都必須支付對應的成本（詳見 2-3），而相對於較「有感」的外扣成本（如手續費、證交稅），內扣成本往往容易被投資人所忽略，但是內扣成本會直接影響到 ETF 的淨值，因此長期下來，就會對報酬表現造成影響。

內扣成本又稱為「總管理費用」，其中常見項目除了保管費、管理費，還包含指數授權費、上市費等雜支。值得一提的是，截至 2024 年 7 月底的資料顯示，雖然富邦台 50 和元大台灣 50 保管費都是 0.02%，但是前者管理費為 0.09%，總管理費用為 0.14%；後者管理費為 0.19%，總管理費用為 0.25%，可以看出富邦台 50 略勝一籌。再者，若我們將觀察區間拉長到以一個完整的年度為單位，並整合近 5 年的數據，更可以準確地得知，富邦台 50 的總管理費用約僅有元大台灣 50 的一半，明顯更為低廉（詳見表 3）。

## 006208總管理費用較0050低廉
——006208 vs.0050總管理費用

| 年度 | 富邦台50（006208）總管理費用（%） | 元大台灣50（0050）總管理費用（%） |
|---|---|---|
| 2020年 | 0.36 | 0.43 |
| 2021年 | 0.35 | 0.46 |
| 2022年 | 0.24 | 0.43 |
| 2023年 | 0.25 | 0.43 |
| 2024年 | 0.14 | 0.25 |

註：2024 年資料截至 2024.07.31　　　資料來源：投信投顧公會

因此，綜上所述，雖然這 2 檔 ETF 是「孿生兄弟」，成立時間也都超過 10 年以上，報酬數據具備參考價值，但因為各自由不同的投信公司發行，內扣成本及其他成本項目不一樣，進而讓年化報酬率產生些微的差異。我們可以觀察到，即使兩者整體績效十分相近，近 1 年、近 3 年、近 5 年、近 10 年的年化報酬率，仍是以富邦台 50 較佳（詳見表 4）。

## 006208為半年配息，年均殖利率與0050相近

在收益分配方面，富邦台 50 和元大台灣 50 都有配息，且都是採半年配，前者是同年的 7 月和 11 月，後者則是 7 月和隔年 1 月。

**表4** ## 近10年來，006208年化報酬率略勝0050
——006208 vs.0050年化報酬率

| 時間 | 富邦台50（006208）<br>年化報酬率（％） | 元大台灣50（0050）<br>年化報酬率（％） |
|------|------|------|
| 近1年 | 50.39 | 50.01 |
| 近3年 | 15.52 | 15.28 |
| 近5年 | 21.62 | 21.41 |
| 近10年 | 14.19 | 13.94 |

註：1. 資料統計至2024.08.22；2. 報酬皆含息　　資料來源：MoneyDJ理財網

這樣的配息邏輯，也讓元大台灣50的2次配息金額出現非常大的差異（詳見表5），以2024年為例，2024年7月的配息所屬區間為2024年上半年，而隔年1月的配息所屬區間才是2024年下半年。

一般來說，下半年是台股的除權息旺季，故比較能參與到成分股的除權息，自然地也就讓1月的配息金額比起7月多上許多，形成「1大7小」（註1）的情況。

---

註1：編按：1月大配、7月小配。
註2：編按：7月小配、11月大配。

表
5

# 0050每半年配息一次，金額1月大7月小
## ——元大台灣50（0050）配息紀錄

| 股利發放年度 | 除息月份 | 現金股利（元） | 當年度現金股利總額（元） | 年均殖利率（%） |
|---|---|---|---|---|
| 2019 | 7月 | 0.70 | 3.00 | 3.61 |
|  | 1月 | 2.30 |  |  |
| 2020 | 7月 | 0.70 | 3.60 | 3.71 |
|  | 1月 | 2.90 |  |  |
| 2021 | 7月 | 0.35 | 3.40 | 2.48 |
|  | 1月 | 3.05 |  |  |
| 2022 | 7月 | 1.80 | 5.00 | 4.09 |
|  | 1月 | 3.20 |  |  |
| 2023 | 7月 | 1.90 | 4.50 | 3.61 |
|  | 1月 | 2.60 |  |  |

註：元大台灣50採半年配息制，皆為1月、7月，且1月配息金額較高，7月較低
資料來源：Goodinfo! 台灣股市資訊網

然而，富邦台50正好相反，因為2次配息所屬區間都是同一年，所以金額上不會有太大差異，但若觀察過去幾年的配息紀錄（詳見表6），則可以發現，偶爾也會有大配小配的週期性，為「7小11大」（註2）。

同時，我們若比較表5和表6，可以看到，元大台灣50的年均

Chapter 6

表
6

## 006208半年配息一次，金額多為7月小11月大
### ——富邦台50（006208）配息紀錄

| 股利發放年度 | 除息月份 | 現金股利（元） | 當年度現金股利總額（元） | 年均殖利率（%） |
|---|---|---|---|---|
| 2019 | 11月 | 1.138 | 1.80 | 3.83 |
| | 7月 | 0.661 | | |
| 2020 | 11月 | 1.139 | 1.62 | 2.94 |
| | 7月 | 0.481 | | |
| 2021 | 11月 | 1.641 | 1.96 | 2.49 |
| | 7月 | 0.314 | | |
| 2022 | 11月 | 1.030 | 2.28 | 3.25 |
| | 7月 | 1.248 | | |
| 2023 | 11月 | 0.861 | 2.21 | 3.08 |
| | 7月 | 1.352 | | |

註：1. 為方便與表 5 比較，且 2024.08.22 前尚未有 2024 年度完整的配息紀錄，故仍以 2019 年～ 2023 年為統計區間；2. 富邦台 50 採半年配息制，皆為 7 月、11 月，且通常 7 月配息金額較低、11 月較高

資料來源：Goodinfo! 台灣股市資訊網

殖利率為 3% ～ 4% 左右，而富邦台 50 則差不多落在 3%，兩者表現算是相近，皆不到 5%。

這時或許有些投資人會問：「怎麼不太高？」要記得，這種市值型的 ETF，主打的特色並非高殖利率，而是與大盤連動性高、趨勢跟著大盤一樣長期向上成長。

第2檔追蹤台灣50指數的市值型ETF，因為比0050後發了好幾年，為了提升在投資市場的能見度，因此它採取最簡單的競爭手段，就是總管理費用低於0050。雖然兩者差異不大，但對於特別在意費用率的投資人，仍然是一個很重要的競爭優勢。

早期，006208的成交量比較少，因此碰到市場大波動，造市者（提供活絡市場交易的券商，避免買賣價差過大）來不及提供充足流量性時，會造成一些交易上的困擾，也就是滑價比較大，但近年它的規模也突破千億元，這方面的困擾不再，因此愈來愈受到投資人注意，特別是它的入手價比0050低。

## 006208與0050的5大差異

比較上述這些不同的項目，投資人是否可以更清楚富邦台 50 和元大台灣 50 這對「孿生兄弟」的差異呢？這邊再簡單統整一下結論：

1. **股價**：富邦台 50 的股價約是元大台灣 50 的 6 成，較好入手。

2. **產業與成分股**：因為追蹤相同指數，所以產業布局和成分股相同，只是權重略有差異。

3. **總管理費用**：富邦台 50 的內扣成本較元大台灣 50 低，因此整體的總管理費用會更占優勢。

4. **報酬表現**：因為內扣成本和其他成本的差異，兩者雖然績效接

近，但富邦台 50 的報酬率仍是些微超前。

**5. 配息和殖利率：**兩者都是半年配，殖利率表現也差異不大。

也就是說，基本上投資這 2 檔 ETF，可以說是投資「幾乎一樣的標的」，最大的不同就是差在內扣成本，因此，如果你是比較在意資金運用效率的人，或者手上的資金較少，則可以選擇投資富邦台 50；但相對地，如果你的資金充沛，著重在 ETF 的規模和流動性等，元大台灣 50 仍是較佳的選擇。

另外，也要特別提醒一點，假設你是已經持有大部位元大台灣 50 的投資人，不需要特別賣出元大台灣 50、買進富邦台 50，因為過程中所花費的交易成本，可能就已經超過兩者的報酬差異囉！

## 6-2 富邦公司治理》 重視企業永續經營

近年來，ESG浪潮來襲——「E」指的是環境保護（Environment）、「S」為社會責任（Social），「G」則是公司治理（Governance）。許多企業將此列為必修課題，連ETF也跟進，會將ESG元素納進選股邏輯當中，其中，像是富邦公司治理（00692）就是國內首檔以「公司治理」作為投資主軸的ETF。

### 00692選股邏輯可分成4步驟

富邦公司治理成立於2017年，追蹤指數為「台灣公司治理100指數」（詳見表1），該指數將公司治理的成果作為成分股的主要篩選標準之一，並加入流動性、財務指標等條件，最後選出100檔成分股，並於每年7月調整一次，整體而言，讓投資人在買進富邦公司治理的期間，可以同時參與永續投資，又能有效降低風險。簡單來說，富邦公司治理的選股邏輯可分成以下4步驟：

### 步驟 1》市值篩選

先以台灣證交所上市的普通股為母體，並刪除母體中最近 1 年期日平均交易金額末 20% 的股票。

### 步驟 2》公司治理評鑑

以「公司治理評鑑篩選原則」篩選出上市公司最近 1 年內，公司治理評鑑（註 1）結果前 20% 的股票。

### 步驟 3》財務成長率排名

以近 1 年稅後淨利和營收成長率進行排名，個別排名加總後，由小到大進行排序，選取排名前 100 檔股票作為成分股，如果排名加總有相同者，則以每股淨值高者優先。

### 步驟 4》確認成分股比重

最後再以市值加權法計算出每 1 檔成分股的比重。

也就是說，投資富邦公司治理，等於投資了上市公司中在公司治理方面績效良好的企業，而根據長期的市場觀察與研究，通常於公

---

註 1：參考台灣證交所最新發布的「2024 年度（第 11 屆）公司治理評鑑指標」資料，該指標共分成 4 大構面，分別為「維護股東權益及平等對待股東」、「強化董事會結構與運作」、「提升資訊透明度」及「推動永續發展」，總共 75 項。

## 00692追蹤台灣公司治理100指數
—富邦公司治理（00692）基本資料

| | |
|---|---|
| 掛牌時間 | 2017.05.17 |
| 追蹤指數（簡稱） | 台灣公司治理100指數 |
| 成分數（檔） | 100 |
| 每股發行價（元） | 20 |
| 規模（億元） | 281（2024.07.31） |
| 投資特色 | 著重於公司治理績效良好的企業，讓投資人可以於持有期間參與ESG永續，享受其帶來的成果 |
| 指數調整頻率（月份） | 每年1次（7月） |
| 收益分配（除息月份） | 半年配（7月、11月） |
| 預估領息時間 | 8月、12月 |
| 收益平準金 | 無 |
| 風險報酬等級 | RR4 |
| 總管理費用 | 0.26%（2023總年度） |
| 保管機構 | 華南銀行 |

註：資料日期為 2024.07.31　　資料來源：富邦投信、MoneyDJ 理財網

司治理評鑑中獲得高分的企業，也會有較好的經營成果與財務表現。

## 00692成分股中，台積電占比近5成

富邦公司治理的 100 檔成分股當中，權重有非常大的落差（詳見表 2），截至 2024 年 7 月底，台積電（2330）持股占比達

48.09%，位居第 1，但排名第 2 的成分股鴻海（2317）占比卻只有 5.45%，極為懸殊，「一枝獨秀」的狀況，會讓富邦公司治理的績效受到台積電股價滿大的影響，這個情形也跟富邦台 50（006208）和元大台灣 50（0050）相同。

但相對地，我們也可以從表 2 中得知，台積電在公司治理、流動性與財務方面皆表現優異，作為國內半導體產業的龍頭，其不只是市值高、績效好的企業，也有確切落實 ESG 永續經營，讓在意永續議題的投資人，對於台積電能持有更高的認同度。

而對應這樣的持股權重，富邦公司治理在產業分布上的確也以半導體產業為主，截至 2024 年 6 月底，其前 3 大產業：半導體產業（56.26%）、金融保險業（11.95%）、電腦及周邊設備業（6.33%），與富邦台 50、元大台灣 50 產業布局十分相似，只是後兩者在半導體產業的占比已突破 6 成，也就是說，如果半導體產業出現波動，對富邦公司治理造成的影響，會比後兩者來得小一些。

## 00692半年配息一次，金額7月小11月大

6-1 提到，富邦台 50 和元大台灣 50 的半年配息制度有「大配小配」的情形發生，這是因為除權息日程的緣故，而富邦公司治理亦

表2

## 00692成分股一枝獨秀，台積電占比近5成
——富邦公司治理（00692）前10大成分股

| 排名 | 名稱 | 代碼 | 持股權重（%） |
|------|------|------|------|
| 1 | 台積電 | 2330 | 48.09 |
| 2 | 鴻　海 | 2317 | 5.45 |
| 3 | 聯發科 | 2454 | 3.88 |
| 4 | 富邦金 | 2881 | 2.28 |
| 5 | 台達電 | 2308 | 2.14 |
| 6 | 廣　達 | 2382 | 2.09 |
| 7 | 中華電 | 2412 | 1.87 |
| 8 | 國泰金 | 2882 | 1.82 |
| 9 | 中信金 | 2891 | 1.38 |
| 10 | 日月光投控 | 3711 | 1.31 |

註：資料日期為 2024.07.31　　資料來源：富邦投信

然。對於富邦公司治理來說，每年7月和11月各配息一次，而主要成分股的除權息旺季為6月到8月，因此在正常狀況下，11月的配息金額通常會比7月的配息金額來得高（註2）。

如果你是十分在意配息的投資人，在入手像是富邦台50、元大台

---

註2：編按：實際的配息政策仍可能依據市場考量而調整，基金發行業者也握有收益分配的決定權，故不能保證每次11月的配息金額皆高於7月。

## 00692於2023年年均殖利率為5.8%

表3

——富邦公司治理（00692）配息紀錄

| 股利發放年度 | 除息月份 | 現金股利（元） | 當年度現金股利總額（元） | 年均殖利率（%） |
|---|---|---|---|---|
| 2019 | 11月 | 0.530 | 0.786 | 3.66 |
| | 7月 | 0.256 | | |
| 2020 | 11月 | 0.608 | 0.839 | 3.39 |
| | 7月 | 0.231 | | |
| 2021 | 11月 | 1.798 | 1.970 | 5.67 |
| | 7月 | 0.172 | | |
| 2022 | 11月 | 0.550 | 2.033 | 6.63 |
| | 7月 | 1.483 | | |
| 2023 | 11月 | 1.062 | 1.794 | 5.80 |
| | 7月 | 0.732 | | |

註：1. 為方便與6-1 表5 比較，且 2024.08.22 前尚未有 2024 年度完整的配息紀錄，故仍以 2019 年～2023 年為統計區間；2. 富邦公司治理採半年配息制，皆為 7 月、11 月，且通常 7 月配息金額較低、11 月較高

資料來源：Goodinfo! 台灣股市資訊網

灣 50、富邦公司治理這種半年配的市值型 ETF 時，可以多留意一下大配小配的問題。

另外，在年均殖利率的部分，我們也可以於表 3 中看到，2021年到 2023 年富邦公司治理的年均殖利率皆超過 5%，表現略優於富邦台 50 和元大台灣 50（詳見 6-1 表 5、表 6），雖然整體來說

表
4

## 00692近1年報酬達42.04%，勝過大盤
—— 富邦公司治理（00692）vs.大盤年化報酬率

| 時間 | 富邦公司治理（00692）年化報酬率（％） | 發行量加權股價報酬指數年化報酬率（％） |
|---|---|---|
| 近1年 | 42.04 | 38.23 |
| 近3年 | 14.91 | 14.86 |
| 近5年 | 20.53 | 20.09 |
| 近10年 | N/A | 13.10 |

註：1. 資料統計至 2024.08.22；2. 報酬皆含息；3. 為方便與 6-1 表 4 比較，故統計區間仍拉長到近 10 年；4. 因富邦公司治理掛牌未滿 10 年，故缺乏近 10 年數據，以 N/A 表示
資料來源：MoneyDJ 理財網

仍輸給高股息 ETF，但在不追求高殖利率的市值型 ETF 中，算是相對兼顧股息與成長的投資標的。

## 00692績效大多貼近甚至超越大盤

即使富邦公司治理的重點投資特色是納入 ESG 概念作為選股邏輯，但可別忘了，它還是一檔市值型 ETF，故無論從短、中、長期的報酬率來看，皆仍貼近大盤，甚至優於大盤。比較兩者近 1 年的年化報酬率，大盤為 38.23%，但富邦公司治理則來到 42.04%，高了約 4 個百分點（詳見表 4）；而若把統計區間拉長，觀察近 3 年或近 5 年，富邦公司治理的數據則幾乎與大盤如出一轍，對於想

要穩健跟隨大盤走勢的投資人而言，富邦公司治理依舊發揮了很好的優勢。

## 想參與大盤行情＋熱中永續議題，可投資00692

總結以上，富邦公司治理具備以下優缺點：

◎**優點：**績效與大盤連動性高，且除了可汰除掉不符 ESG 規範的公司之外，也加入流動性和財務指標一起評估，故能降低因成分股企業盈利不佳而影響整體 ETF 績效的風險。

◎**缺點：**成分股權重多集中在半導體產業，且台積電持股占比接近 5 成，績效表現容易受到其影響。

讀到這裡，投資人是否對於公司治理的概念有基礎的了解，並想要嘗試支持具備 ESG 營運目標的企業呢？若以 2024 年 8 月 23 日的收盤價為例，富邦公司治理的股價為 42.5 元，富邦台 50 的股價為 105.95 元，元大台灣 50 的股價則來到 180.95 元，而這 3 檔 ETF 的中、長期績效其實十分接近，相較之下，如果你是想要參與大盤行情，又熱中於永續議題的投資人，入手一張富邦公司治理的成本，遠遠低於富邦台 50 和元大台灣 50！加上富邦公司治

峰哥點評

00692追蹤台灣公司治理100指數，由100檔公司治理績效優良的台灣上市公司組成，每年調整1次（7月）成分股。我喜歡它的3個優點：

1.總管理費用約0.26%，在台股ETF算是相當低的一檔。

2.成分股100檔，除了財務數據外，它會以公司治理表現作為重要指標，有多項實證研究顯示，公司治理良好的公司，可以交出較好的長期經營績效，因此良好的公司治理絕對是重要的非財務指標。

3.每年換股1次，每年2次配息。如果將它作為核心持有的長期成長性持股，低換股率與較少的配息次數會是優點，特別是較少的配息次數，有助於提升資本的複利效果。當然，如果你是需要月月現金流的投資者，這就不會是你的優先考量。

理掛牌上市的時間也有7年之久，投資人不用擔心投資標的太新而沒有過往數據可以評估的疑慮，整體來說，是一檔非常適合新手入門的市值型 ETF。

## 6-3 元大臺灣ESG永續》關注環境、社會等議題

　　元大臺灣 ESG 永續（00850）是一檔成立於 2019 年 8 月的市值型 ETF，跟 6-2 所介紹的富邦公司治理（00692）不同的是，它是國內首檔「同時兼顧 ESG 3 面向」，即環境（Environment）、社會（Social）、公司治理（Governance）的 ESG 市值型 ETF，即包含的永續面向更全面。官方更於 2023 年 8 月時，將配息制度由半年配修改為季配息，並納入收益平準金機制，期使投資人可以在每季獲得較穩定的配息收入。

### 00850建立符合永續價值的投資組合

　　元大臺灣 ESG 永續所追蹤的指數為「台灣永續指數」（詳見表1），其特徵是透過環境保護、社會責任、公司治理等 3 大 ESG 指標進行篩選，建立符合 ESG 永續價值的投資組合。既然 3 面向都包含到了，我們就來更深入地認識一下其各別的意義——ESG 是一

表1

## 00850追蹤台灣永續指數
### ——元大臺灣ESG永續（00850）基本資料

| | |
|---|---|
| 掛牌時間 | 2019.08.23 |
| 追蹤指數（簡稱） | 台灣永續指數 |
| 成分數（檔） | 97（2024.07.31） |
| 每股發行價（元） | 20 |
| 規模（億元） | 181（2024.07.31） |
| 投資特色 | 內含ESG因子、同時兼顧ESG 3大面向、風險較為分散 |
| 指數調整頻率（月份） | 每年2次（6月、12月） |
| 收益分配（除息月份） | 季配息（2月、5月、8月、11月） |
| 預估領息時間 | 3月、6月、9月、12月 |
| 收益平準金 | 有 |
| 風險報酬等級 | RR4 |
| 總管理費用 | 0.4%（2023總年度） |
| 保管機構 | 永豐商業銀行 |

註：資料日期為2024.07.31　　資料來源：元大投信、Money DJ理財網

種非財務的績效指標，強調企業不僅要追求財務績效，還要考慮其對環境和社會的影響，以及如何以負責任的方式進行管理和運營的經營理念，主要關注的3大面向如下：

## 面向1》環境

關注企業在資源使用、汙染控制、氣候變遷應對等方面的影響。

企業會致力於減少碳足跡、節約能源、推動可再生能源的使用，以及負責任地管理廢棄物。

## 面向 2》社會

涉及企業對於社會的影響，包括員工待遇、勞工權益、人權與社區責任、供應鏈管理等。企業會注重公平的勞動條件、性別平等、多元化與包容性，以及對於社會整體福祉的貢獻。

## 面向 3》公司治理

關注企業的內部管理、稅務透明度、風險控管、反行賄等。這部分強調企業管理層的誠信與道德操守，以及如何保障股東權益並遵守法律規範。

對企業而言，透過滿足 ESG 的 3 大面向，企業得以減少法律、財務和聲譽上的風險，避免短視近利的行為，使企業長期保持穩定的獲利與競爭力；除此之外，也能提升企業形象，為品牌做良性的廣告宣傳。

對投資人而言，選擇符合 ESG 永續價值的企業作為投資標的，不僅可以降低風險，更能獲得穩定的長期回報。隨著許多央行和監管機構，如英國央行（BOE）、歐洲央行（ECB），都開始將氣候風

險和 ESG 考慮納入其金融穩定監管框架中，各國企業也以自願或非自願形式披露 ESG 相關資訊；媒體和學術界對於 ESG 的討論和研究也愈來愈多，ESG 相關的金融產品數量更大幅度增長，可見投資符合 ESG 永續價值的企業已成為不可忽視的市場趨勢。

## 00850選股邏輯主要分成3步驟

元大臺灣 ESG 永續以盡可能貼近「台灣永續指數」為目標，並且規定至少 80% 的資金會投資在該指數中的成分證券，也盡量把所有資金投入到符合規定的證券和相關商品上，確保資金完全運作，最大化利用資產。

為選出符合 ESG 永續價值的標的，並且將投資效益最大化，「台灣永續指數」會經過以下 3 個步驟對股票進行篩選：

### 步驟 1》設定母體範圍

指數的基礎股票來自 FTSE4Good 新興市場指數（註 1）中，在台灣證券交易所上市的公司。這些公司必須通過 ESG 評鑑標準。

---

註 1：FTSE4Good 新興市場指數是由富時羅素（FTSE Russell）設立的股票指數，該指數將全球上市公司以 14 個 ESG 主題進行評鑑，每家公司會獲得 0 至 5 分，其中分數大於等於 2.9 分者會被納入指數，而低於 2.4 分的則會被剔除。

## 步驟 2》排除不合格標的

排除未發布 ESG 報告書的公司，以及近 12 個月股東權益報酬率為負的虧損公司。但被刪除的股票總權重不能超過 10%，保留至少 90% 的原始指數權重。

## 步驟 3》限制單一股票權重不超過 30%

根據市值加權來決定每檔股票在指數中的比重，且單一股票的權重不超過 30%。而元大臺灣 ESG 永續沒有成分股數量限制，截至 2024 年 7 月底，成分股已高達 97 檔。

再來，觀察元大臺灣 ESG 永續的前 3 大產業占比，與元大台灣 50（0050）做比較，根據 2024 年 6 月底的資料數據，兩者的前 3 大產業占比分別為：

◎元大臺灣 ESG 永續：半導體產業 42.85%、金融保險業 15.28%、電腦及周邊設備業 9.44%。

◎元大台灣 50：半導體產業 63.83%、金融保險業 11.4%、電腦及周邊設備業 5.9%。

我們發現，雖然元大臺灣 ESG 永續與元大台灣 50 的前 3 大產業

是重疊的，但是元大臺灣 ESG 永續的半導體產業占比明顯低於元大台灣 50，避免了對單一產業的過於仰賴，然而這狀況雖然有效地降低風險，但同時也意味著半導體產業的高速增長，對元大臺灣 ESG 永續的市值影響相對有限。

而觀察元大臺灣 ESG 永續的前 10 大成分股（詳見表 2），我們可以看到，台積電（2330）占比位居首位，而其他成分股排序基本上與元大台灣 50 的成分股排序是一致的（詳見 6-1 表 2），只是權重占比上有所不同，這是因為兩者的權重占比皆由市值加權決定，而這些具有國際知名度的大型企業也都符合 ESG 永續價值。

最大差異之處在於，元大臺灣 ESG 永續沒有成分股數量限制，且單一個股的權重上限為 30%，這使得單一個股對元大臺灣 ESG 永續的市值影響降低，風險被分散至其他符合 ESG 永續價值的標的。

## 00850於2023年8月改為季配息

元大臺灣 ESG 永續採季配息制度，每年除息月份為 2 月、5 月、8 月、11 月，投資人可於除息後 1 個月左右領到配息。

回顧過往配息紀錄，2023 年之後的每次配息金額相較於 2023

表2

## 00850成分股中，台積電占比居首位
—— 元大臺灣ESG永續（00850）前10大成分股

| 排名 | 名稱 | 代碼 | 持股權重（%） |
|:---:|:---:|:---:|:---:|
| 1 | 台積電 | 2330 | 30.50 |
| 2 | 鴻　海 | 2317 | 6.57 |
| 3 | 聯發科 | 2454 | 5.49 |
| 4 | 台達電 | 2308 | 2.65 |
| 5 | 廣　達 | 2382 | 2.24 |
| 6 | 富邦金 | 2881 | 2.19 |
| 7 | 聯　電 | 2303 | 1.95 |
| 8 | 中信金 | 2891 | 1.84 |
| 9 | 國泰金 | 2882 | 1.78 |
| 10 | 日月光投控 | 3711 | 1.52 |

註：1. 資料日期為 2024.08.27；2. 關於 0050 的前 10 大持股權重，詳見 6-1 表 2
資料來源：元大投信

年之前來得少，原因不是因為收益減少，而是因為此檔 ETF 於 2023 年 8 月時，將原本的配息制度從年配息修改為季配息（詳見表 3），投資人從 1 年領 1 次息，變成 1 年領 4 次息，每股的現金股利會做相對應的調整。

同時，元大臺灣 ESG 永續也納入收益平準金機制，避免成分股配息被新申購單位稀釋，也能將可供配息的收益累積起來，不立即發放股利給投資人，而保留在市場表現較差、投資收益較低等時期配

表3

## 00850於每年2月、5月、8月、11月配息
—元大臺灣ESG永續（00850）配息紀錄

| 股利發放年度 | 除息月份 | 現金股利（元） | 年均殖利率（%） |
|---|---|---|---|
| 2020 | 11月 | 0.90 | 3.75 |
| 2021 | 11月 | 1.05 | 3.09 |
| 2022 | 11月 | 1.48 | 4.67 |
| 2023 | 8月 | 0.68 | 4.23 |
| | 11月 | 0.70 | |
| 2024 | 2月 | 0.43 | 3.89 |
| | 5月 | 0.54 | |
| | 8月 | 0.62 | |

註：1. 資料日期為 2024.08.27；2.2024 年的年均殖利率計算基準不包含 11 月配息；3. 元大臺灣 ESG 永續原本為年配息，自 2023 年 8 月起改為季配息制

資料來源：Goodinfo! 台灣股市資訊網

發，以避免因市場波動導致配息大幅變動，藉此讓投資人在不同時期獲得相對穩定的配息。

## 00850整體具備3大優點

整體而言，元大臺灣 ESG 永續的優點如下：

1. 同時兼顧 ESG 3 大面向，確保成分股符合 ESG 永續價值，可

表4

## 00850近1年報酬率為40.36%
—— 元大臺灣ESG永續（00850）年化報酬率

| 時間 | 年化報酬率（%） |
|------|------|
| 近1年 | 40.36 |
| 近3年 | 15.61 |
| 近5年 | N/A |
| 近10年 | N/A |

註：1. 資料統計至2024.08.22，報酬皆含息；2. 因成立時間為2019年8月，故缺乏5年以上的績效數據，以N/A表示
資料來源：MoneyDJ理財網

以有效選擇對社會、環境友善且有正面影響的企業，在降低風險的同時提升穩定性。

2. 相較於元大台灣50，元大臺灣ESG永續對於個股權重設有上限，降低單一個股股價波動的影響。

3. 季配息＋收益平準金制度，提供投資人穩定的現金流。

然而相對地，元大臺灣ESG永續雖然設定個股權重上限能分散單一個股帶來的風險，但從近年績效數據來看，其近1年報酬率僅有40.36%（含息，詳見表4），並不如元大台灣50的50.01%（詳見6-1表4），說明了其從台灣股市較熱門的半導體產業和台積電中獲得的紅利相較有限。總歸來說，元大臺灣ESG永續的「永續＋市值型＋季配」特色，緊扣國際市場的ESG投資趨勢，幫助投資人

峰哥點評

這檔也是人氣ETF，它追蹤台灣永續指數，成分股檔數不固定，但實際觀察，大約落在80檔～100檔之間。它有單一持股上限30%的限制，以及成分股必須有ESG報告書的規範，是比較符合近年新流行趨勢的商品。不過它的波動不算小，儘管有單一持股30%上限，近1年（截至2024年7月）波動還略高於大盤。

如果深入觀察它的持股，可以發現比較偏成長型風格，近1年持股平均本益比來到21.9倍。成長型風格也反饋到報酬上，2023年報酬率達到31.1%，比它的老大哥0050表現更好，因此也吸引不少本來有投資0050，但希望納入一些ESG投資概念者的青睞。

有效分散風險並穩定獲利。雖然近 1 年含息報酬率略遜於元大台灣50，但就題材性與穩定性而言，仍是一個值得投資人關注的選擇。

## 6-4 FT臺灣Smart》 兼顧股息＋股價成長性

傳統的市值型 ETF，強項在於市值的成長性，配息並不是重點。不過 2022 年 4 月，就有一檔主打「股息」和「股價成長性」雙重特色的 ETF 問世——FT 臺灣 Smart（00905）。

### 00905根據3種Smart Beta因子篩選成分股

FT 臺灣 Smart 追蹤的指數是「特選 Smart 多因子指數」（詳見表1），是一檔客製化指數，除了無條件納入市值考量之外，其特徵是以「品質」、「價值」與「動能」3 種 Smart Beta 因子篩選，目的是建立兼具高股價成長與高股息的投資組合。

所謂 Smart Beta 因子，是用來構建和加權投資組合的特定特徵或標準，常見的包括價值因子、規模因子、動能因子、品質因子、低波動因子、股息因子等，而 FT 臺灣 Smart 則是從以下 3 種因子進

| | |
|---|---|
| **表1** | **00905追蹤特選Smart多因子指數**<br>——FT臺灣Smart（00905）基本資料 |

| 掛牌時間 | 2022.04.21 |
|---|---|
| 追蹤指數（簡稱） | 特選Smart多因子指數 |
| 成分數（檔） | 132（2024.07.31） |
| 每股發行價（元） | 10 |
| 規模（億元） | 49（2024.07.31） |
| 投資特色 | 多因子、高穩定、高成長，能納入眾多具有潛力的中小型股 |
| 指數調整頻率（月份） | 每年4次（1月、4月、7月、10月） |
| 收益分配（除息月份） | 季配息（1月、4月、7月、10月） |
| 預估領息時間 | 2月、5月、8月、11月 |
| 收益平準金 | 無 |
| 風險報酬等級 | RR4 |
| 總管理費用 | 1.201%（2023總年度） |
| 保管機構 | 第一商業銀行 |

註：資料日期為 2024.07.31　　資料來源：Money DJ 理財網

行成分股的篩選：

# 1. 品質因子（Quality）

以股東權益報酬率、收益變動率、現金流量對資產比、資產報酬率、營業毛利對資產比、槓桿度等指標，選出財務狀況穩健、資產運用效率佳的公司。

## 2. 價值因子（Value）

以營業現金流對股價比、EBITDA（稅前息前淨利）對企業價值比、益本比、股東收益率等指標，篩選出價格可能被低估的公司。

## 3. 動能因子（Momentum）

根據還原股價及近期盈餘成長性，選出股價及盈餘具備上漲動能的公司。

# 00905選股邏輯可分成4步驟

承上，相較於其他ETF，FT臺灣Smart的選股邏輯較為複雜，大致可分為4步驟：

### 步驟1》流動性檢驗

篩選總市值排名在台灣上市公司前75%，且平均建倉天數（Average-Day-to-Trade）≤10日的股票作為候選名單。

### 步驟2》計算多因子分數

將通過流動性檢驗的股票名單，根據上述提及的品質因子、價值因子、動能因子分別進行評分，再各自以40%、30%、30%的權重進行加總。

### 步驟 3》成分股納入

通過上述流動性檢驗的候選名單當中,會被納入成分股的股票有 2 種,類型①:市值占指數母體(台灣上市公司)權重 1% 以上的股票;類型②:市值占指數母體權重不到 1% 的公司,按多因子分數排序,取排名前 25% 的股票納入成分股。

### 步驟 4》權重分配

成分股屬於上述類型①者,使用該股票在台灣加權股價指數中的權重搭配多因子分數綜合計算權重;屬於類型②者,以多因子分數作為權重分配標準。

## 00905單一持股最高權重為30%

許多 ETF 會有成分股數量限制,例如元大台灣 50(0050)的成分股,基本上是選出台股市值排名前 50 名的公司;而 FT 臺灣 Smart 為了涵蓋被低估的股票,故沒有設定成分股的檔數上限。也就是說,只要是符合選股邏輯的股票,都會被納入成分股名單當中,截至 2024 年 7 月底,FT 臺灣 Smart 的成分股已有 132 檔。

此外,單一個股的最高權重為 30%,超過的部分則依照權重比率分配給剩餘股票,讓許多被低估的小型股有被納入成分股的機會。

而觀察FT臺灣Smart截至2024年7月底的前10大成分股（詳見表2），會發現其內容與元大台灣50、富邦台50（006208）等追蹤台灣50指數的ETF有很大的相似處，例如皆有台積電（2330）、鴻海（2317）、聯發科（2454）、富邦金（2881）、台達電（2308）、國泰金（2882）、廣達（2382）、中信金（2891）、日月光投控（3711）等9檔股票。

除了權重占比的差別外，被選入FT臺灣Smart前10大成分股的台灣電信龍頭中華電（2412），在元大台灣50和富邦台50的持股中排行11；而被選入元大台灣50和富邦台50前10大成分股的聯電（2303），則不在FT臺灣Smart的持股名單當中。

產業布局方面，根據2024年6月底的資料，FT臺灣Smart的前3大產業占比分別為：半導體產業（48.6%）、電腦及周邊設備業（10.7%）、其他（10.44%），與元大台灣50和富邦台50相同的是，皆以半導體產業為首，但是比重不超過5成，並且因為單一持股上限的因素，台積電在FT臺灣Smart的持股權重中也只有30%左右，亦明顯小於台積電在元大台灣50和富邦台50的逾5成以上占比（詳見6-1表2）。

另外，FT臺灣Smart布局較高比重在電腦及周邊設備業以及其他

表
2

## 台積電為00905第一大持股，占29.84%
——FT臺灣Smart（00905）前10大成分股

| 排名 | 名稱 | 代碼 | 持股權重（%） |
|---|---|---|---|
| 1 | 台積電 | 2330 | 29.84 |
| 2 | 鴻海 | 2317 | 5.76 |
| 3 | 聯發科 | 2454 | 4.53 |
| 4 | 富邦金 | 2881 | 3.90 |
| 5 | 台達電 | 2308 | 3.71 |
| 6 | 國泰金 | 2882 | 3.46 |
| 7 | 中華電 | 2412 | 3.32 |
| 8 | 廣達 | 2382 | 3.28 |
| 9 | 中信金 | 2891 | 2.91 |
| 10 | 日月光投控 | 3711 | 2.76 |

註：資料日期為 2024.07.31　　資料來源：富蘭克林華美投信

的產業，不僅減少了台積電市值波動的影響，也提供給具有潛力的中小型股票更多的表現機會。

## 00905不保證每季皆配息，也無收益平準金機制

FT 臺灣 Smart 採季配息制，每年除息月份大約是在 1 月、4 月、7 月、10 月（遇假期則順延），而其於 2023 年 2 月 1 日進行首次除息，但在當年第 2 季並未配息，故 2023 年只有除息 3 次（2

月、7 月、10 月），分別配發每股 0.27 元、0.18 元、0.17 元的現金股利，年均殖利率為 6.49%，在市值型 ETF 中，這樣的殖利率表現算是相當優秀（詳見表 3）。而 2024 年截至 8 月，第 1 季沒有配息，分別是在 4 月和 8 月除息，累積配發的現金股利為每股 0.58 元。

如此可見，這檔 ETF 雖然是採季配息制度，但不保證每季都有可供配發的股息。

而 FT 臺灣 Smart 也並未導入收益平準金的機制，為了避免除息之前有太多投資人從初級市場申購而導致配息遭稀釋，基金公司就可能暫停受理申購。例如 FT 臺灣 Smart 在 2024 年 7 月 16 日除息前，就暫停了 7 月 11 日～ 7 月 15 日的初級市場申購。

## 00905整體具備4大優點

綜合來看，FT 臺灣 Smart 主要優點如下：

**1. 成分股多元分散：**由於不存在成分股上限，且單一持股不超過 30% 的原則，使得成分股更為多元，納入更多具有成長潛力的中小型股。

表3

## 00905於2023年Q2、2024年Q1皆未配息
——FT臺灣Smart（00905）配息紀錄

| 股利發放年度 | 除息月份 | 現金股利（元） | 年均殖利率（%） |
|---|---|---|---|
| 2023 | 2月 | 0.27 | 6.49 |
| | 7月 | 0.18 | |
| | 10月 | 0.17 | |
| 2024 | 4月 | 0.21 | 4.64 |
| | 7月 | 0.37 | |

註：1. 資料日期為 2024.08.27；2.2024 年的年均殖利率計算基準不包含 10 月配息
資料來源：Goodinfo! 台灣股市資訊網

**2. 透過 3 種 Smart Beta 因子篩選：**通過 3 種 Smart Beta 因子篩選，所挑出的股票通過財務安全、成長性、股息佳的檢驗。

**3. 價格親民：**FT 臺灣 Smart 發行價為每股 10 元，截至 2024 年 8 月 27 日的收盤價為 13.29 元，對於想一次購買一張完整股票的小資族來說，算是相較容易入手。

**4. 近 1 年績效表現優於大盤：**雖然 FT 臺灣 Smart 成立時間較短，比較少數據可以參考，但觀察近 1 年的含息報酬率 44.77%（詳見表 4），其實優於大盤，值得投資人繼續追蹤。

表4

## 00905近1年含息報酬率為44.77%
### ——FT臺灣Smart（00905）含息報酬率

| 時間 | 含息報酬率（%） |
|---|---|
| 近3個月 | 5.38 |
| 近6個月 | 22.57 |
| 近1年 | 44.77 |
| 近3年 | N/A |

註：1. 資料統計至 2024.08.22；2. 因成立時間為 2022 年 4 月，時間較短，故多列出近 3 個月和近 6 個月的績效供投資人參考；3. 缺乏 3 年以上的績效數據，以 N/A 表示
資料來源：Money DJ 理財網

而相對來說，FT 臺灣 Smart 則存在以下缺點：

**1. 選股邏輯複雜：**由於其多因子考量的性質，FT 臺灣 Smart 的選股邏輯較為複雜，對於想理解其邏輯的投資新手來說較為困難，需花更多時間研究。

**2. 成分股調整次數偏多：**該指數調整頻率為每季 1 次，分別為 1 月、4 月、7 月、10 月，投資人需要多留意。

**3. 著重資訊科技產業：**雖然不同於題材型 ETF，FT 臺灣 Smart 在選股過程中並未對產業的選擇進行過多著墨，但觀察其成分股，仍可發現其資訊科技產業的比重偏高，投資人需要注意其中風險。

**峰哥點評**

低價市值型ETF目前有3檔：00905、國泰台灣領袖50（00922）、群益台ESG低碳50（00923），這一檔股價最低，迄2024年8月，股價約在13元上下，因為它募集時的價位只有10元，可惜當時並沒有因此引起市場轟動。它追蹤的指數是特選Smart多因子指數，分為價值因子、動能因子與品質因子。價值反映公司目前的股價是否低估、動能展現短中期的成長力道、品質反映公司的管理能力。

從產品設計面，都是有利投資人的，但實際績效如何呢？因為成立未滿3年，我們只能先看1年績效對比──確實不錯，過去1年（截至2024年8月22日）含息報酬率來到44.77%，高於大盤的38.23%。要留意的是，波動略大，且總管理費用目前偏高，超過1%，但它的管理費其實只有0.35%，不算高，應該是規模較小，加上換股成本，導致總管理費用較高，這在成立時間較短或規模較小的ETF中，都容易發生這個狀況，值得後續追蹤。

　　總結而論，FT 臺灣 Smart 是一檔特殊的 ETF，雖然運作較為複雜，但其涵蓋 3 種 Smart Beta 因子的選股邏輯，可以幫助投資人有效地將高安全、高成長、高股息的股票收入囊中，且價格也相對親民，是一檔值得觀察考慮的投資標的。

# 6-5 國泰台灣領袖50》低碳版元大台灣50

國泰台灣領袖 50（00922）是在 2023 年 3 月成立並掛牌的市值型 ETF，雖然成立時間不長，但不到 1 年，規模就達到百億元；截至 2024 年 7 月底，基金規模已來到 127 億元，每股市價 21.33 元，小資族若想要一次入手 1 張，股價可說是相對親民。

## 00922選股邏輯具備高市值、低碳轉型特色

國泰台灣領袖 50 所追蹤的指數是「MSCI 台灣領袖 50 精選指數」（詳見表 1），為客製化指數，主要聚焦在台股當中高市值，以及低碳趨勢下具備轉型能力的公司。

這檔指數的母體是涵蓋台股 85% 上市櫃股票的 MSCI 台灣指數，而元老級的市值型 ETF——元大台灣 50（0050）所追蹤的台灣 50 指數，母體則是在台灣證券交易所上市的股票。因此高市值的上

表 1

# 00922追蹤MSCI台灣領袖50精選指數
## ——國泰台灣領袖50（00922）基本資料

| 掛牌時間 | 2023.03.27 |
|---|---|
| 追蹤指數（簡稱） | MSCI台灣領袖50精選指數 |
| 成分數（檔） | 50 |
| 每股發行價（元） | 15 |
| 規模（億元） | 127（2024.07.31） |
| 投資特色 | 聚焦高市值、流動性佳，並具備低碳轉型能力的台股前50大領袖級企業 |
| 指數調整頻率（月份） | 每年2次（5月、11月） |
| 收益分配（除息月份） | 半年配（3月、10月） |
| 預估領息時間 | 4月、11月中旬 |
| 收益平準金 | 有 |
| 風險報酬等級 | RR4 |
| 總管理費用 | 0.36%（2023總年度） |
| 保管機構 | 中國信託銀行 |

註：資料日期為 2024.07.31　　資料來源：國泰投信、Money DJ 理財網

櫃股票，無緣納入元大台灣 50，但有可能被納入國泰台灣領袖 50 的成分股當中。

MSCI 台灣領袖 50 精選指數在篩選成分股時，會先排除近 1 年虧損的公司，並剔除涉及爭議性武器的公司，以及缺乏 MSCI 低碳轉型模型評分者。若 MSCI 低碳轉型分數（註 1）在排名後 20%、

且 MSCI ESG 評級（註 2）在落後等級的 B 級以下，會被排除。

符合資格的股票，會以市值大小為原始權重，再根據 MSCI 低碳轉型分數進行權重調整，綜合計算後選出排行前 50 名的台灣企業作為成分股。每年的 5 月和 11 月會根據合格樣本，再依照流動性、獲利狀況、低碳轉型分數，重新進行成分股的審核與排序。

而為什麼要加入低碳轉型的考量呢？為了減緩全球暖化的氣候危機，減少碳排放量已成為各國政府共識，已有 135 個國家朝著 2050 年達成「淨零排放」的目標前進，包括透過能源轉型、企業改善製程以降低產品製造過程中的碳排放量、擴大造林以吸附及儲存二氧化碳等抵銷的方式，盡可能降低大氣中的溫室氣體濃度。

歐盟更訂出「碳邊境調整機制」（CBAM），2023 年已開始試行，並預定於 2026 年正式實施；出口到歐盟的產品，不僅需要申報碳排放量，若碳含量超過規範，進口商還需要購買 CBAM 憑證，形同被課徵碳稅；因此若相關公司不進行減碳的轉型，恐將會面臨競爭

註 1：MSCI 低碳轉型分數英文名稱為「Low Carbon Transition Score（LCT Score）」，衡量其應對全球的氣候政策與減碳目標規範日趨嚴謹，依據公司當前的生產及商業模式，衡量其曝險程度及把握低碳轉型機會，並提升企業競爭優勢的能力。

註 2：MSCI ESG 評級是根據個別公司的永續性（環境、社會、公司治理）所做出的評級標準，共分為 7 級：AAA、AA、A、BBB、BB、B、CCC。

力降低的危機。而 MSCI 低碳轉型分數，則是用來衡量公司對於管理碳排放風險及轉型的能力。

因為加入了低碳轉型能力的考量，在面對未來淨零排放趨勢中具備優勢的公司，於被納入成分股時會獲得較高的權重；相對地，在公司產品的生產過程中會產生較高碳排放量的產業及公司，如部分石化產業、原物料、傳統工業等，就有可能在篩選過程因為低碳轉型分數較低，導致其市值排名降低而被剔除在名單之外。

例如根據 2024 年 7 月底的成分股名單，知名「台塑四寶」當中的台塑（1301）、台塑化（6505）、台化（1326）、南亞（1303）雖然都是元大台灣 50 的成分股，但在國泰台灣領袖 50 當中，僅有南亞進入成分股名單。

## 00922前5大成分股合計比重上限為65%

MSCI 台灣領袖 50 精選指數共會選入 50 檔成分股，單一個股占整體比重上限以 30% 為標準，且前 5 大成分股的合計比重上限則為 65%，以降低過度集中在特定個股的風險。

根據國泰台灣領袖 50 在 2024 年 7 月底的成分股占比資料（詳

229

## 00922持有台積電占比超過3成
—— 國泰台灣領袖50（00922）前10大成分股

| 排名 | 名稱 | 代碼 | 持股權重（%） |
|------|------|------|------------|
| 1 | 台積電 | 2330 | 31.05 |
| 2 | 鴻海 | 2317 | 7.02 |
| 3 | 聯發科 | 2454 | 5.42 |
| 4 | 台達電 | 2308 | 3.44 |
| 5 | 廣達 | 2382 | 2.53 |
| 6 | 富邦金 | 2881 | 2.32 |
| 7 | 國泰金 | 2882 | 2.10 |
| 8 | 中信金 | 2891 | 2.06 |
| 9 | 日月光投控 | 3711 | 1.72 |
| 10 | 聯電 | 2303 | 1.70 |

註：資料日期為2024.07.31　　資料來源：國泰投信

見表2），前10大成分股，其實與追蹤台灣50指數的元大台灣50和富邦台50（006208）如出一轍，皆為台積電（2330）、鴻海（2317）、聯發科（2454）、台達電（2308）、廣達（2382）、富邦金（2881）、國泰金（2882）、中信金（2891）、日月光投控（3711）、聯電（2303）這10檔股票，主要差別則在於成分股占比。像是台積電都是它們的第一大持股，在國泰台灣領袖50占比為31.05%，在元大台灣50和富邦台50的占比都超過50%（詳見6-1表2）。

**表3**

## 00922近1年含息報酬率為40.47%
——國泰台灣領袖50（00922）含息報酬率

| 時間 | 含息報酬率（%） |
|---|---|
| 近3個月 | 5.48 |
| 近6個月 | 23.03 |
| 近1年 | 40.47 |
| 近3年 | N/A |

註：1. 資料統計至 2024.08.22；2. 因成立時間為 2023 年 3 月，時間較短，故多列出近 3 個月和近 6 個月的績效供投資人參考；3. 缺乏 3 年以上的績效數據，以 N/A 表示
資料來源：Money DJ 理財網

　　再檢視截至 2024 年 6 月底的產業占比資料，國泰台灣領袖 50 的前 3 大產業分別為：半導體產業（44.61%）、金融保險業（14.8%）、電腦及周邊設備業（10.78%），其實前 2 名都與元大台灣 50 和富邦台 50 相同，只是半導體產業的占比並沒有這 2 檔 ETF 來得這麼高（詳見 6-1），只有 4 成多左右，由此可見，台積電及半導體產業的市值變化，對於國泰台灣領袖 50 的影響程度就會比較小一些，相對地，台積電的波動，也會明顯反映在績效表現上。

　　截至 2024 年 8 月 22 日，台積電近 1 年含息報酬率為 79.21%，而元大台灣 50 的同期表現為 50.01%，國泰台灣領袖 50 則為 40.47%（詳見表 3）。

　　此外，從年化標準差來觀察，截至 2024 年 8 月 27 日，國泰台灣領袖 50 為 15.64%，比起元大台灣 50 的 16.04% 及富邦台 50 的 15.82% 略低，也就是說國泰台灣領袖 50 的波動度相對小一些。

## 00922每年3月、10月除息

　　國泰台灣領袖 50 半年配息一次，除息月份為每年 3 月及 10 月，投資人可在除息後 1 個月左右領到配息。因為成立時間較短，自成立後截至 2024 年 8 月共有 2 次配息紀錄，分別是 2023 年 10 月除息，每股配息 0.57 元，以除息前收盤價計算，當期殖利率 3.54%；以及 2024 年 3 月除息，每股配發 0.38 元，當期殖利率 2.01%。

　　在費用成本的部分，當規模在新台幣 50 億元以下會內扣 0.25% 的管理費，超過 50 億元則為 0.2%；總管理費用則為 0.36%，比富邦台 50 的 0.25% 略高，但低於元大台灣 50 的 0.43%。

## 00922整體具備4大優點

　　整體而言，國泰台灣領袖 50 共有以下優點：

　　1. 與元大台灣 50 相比，國泰台灣領袖 50 同樣是投資於高市值

對於錢比較少的小資族，又喜歡買整張（1,000股），這檔市值型ETF是不錯的選擇。它有2大特色：

1.低碳成分股符合時代主流，在減碳與綠能當道的時期，會表現較好。我們可以看到，儘管它的台積電成分股占比略低於大盤（截至2024年7月底，大盤占比約34%，00922只有約31%），還是有略高於指數的報酬。

2.單一持股上限30%（在權重調整期之前，可容許因股價上漲自然超過），這個特色對淺碟型股市有明顯影響，譬如台灣、韓國、芬蘭等。也就是說，當有類似台積電這種超強個股時，限制權重反而壓制它的績效表現，因此它近期的績效不如0050，不過若台積電下跌，這反而變成優點，類似的狀況，如韓國有三星（Samsung）、芬蘭有諾基亞（Nokia）。如果投資資歷長一點，見證過諾基亞從手機霸主被蘋果（Apple）取代的過程，那你反而會慶幸ETF有單一持股30%上限的鐵律。

的大型股，但因成分股配置有所差異，也納入了較高比重的金融股，且有設定單一持股及前 5 大成分股合計比重上限，可提高分散風險效果，波動度也相對較低。

2. 若在乎費用成本，此檔 ETF 的總管理費用不算高。

3. 股價較低，對於想一次購入一張的小資族而言，是相對好入手的價位。

4. 在市值型 ETF 當中，殖利率水準相對較高。

然而，從客觀數據來看，國泰台灣領袖 50 則有以下缺點：

1. 成立時間較短，可供檢視的績效紀錄較少。

2. 比較近 1 年含息報酬率（截至 2024 年 8 月 22 日），略優於台灣加權股價指數（38.23%），但仍遜於元大台灣 50 及富邦台50 這 2 檔傳統市值型 ETF。關鍵出在台積電持股占比。

雖然跟其他市值型 ETF 一樣，國泰台灣領袖 50 同樣著重在市值排行前段班的台灣公司，但是因為篩選成分股時加入了低碳的考量，因此也被視為「低碳版的 0050」，儘管近 1 年含息報酬率表現不算特別出色，仍相當受到投資人的喜愛，截至 2024 年 7 月底的數據顯示，國泰台灣領袖 50 的受益人數仍達到 7 萬多人。而這檔ETF 能否在未來創造更理想的績效，就有待持續觀察。

# 群益台ESG低碳50》
# 聚焦碳排密度低的權值股

群益台 ESG 低碳 50（00923）是在 2023 年 2 月成立，並於同年 3 月正式掛牌上市的市值型 ETF。截至 2024 年 7 月底，規模達到 159 億元，以每股市價 21.77 元而言，也是一檔股價相對平易近人的 ETF。

雖然掛牌時間不長，但在當前的台股市值型 ETF 當中也算是頗具人氣，根據 2024 年 7 月底的數據，受益人數近 11 萬 3,200人，次於元大台灣 50（0050）約 69 萬 6,000 人及富邦台 50（006208）約 43 萬 8,600 人。

## 00923運用4項檢驗標準篩選成分股

群益台 ESG 低碳 50 同時納入了 ESG 及低碳的考量，追蹤的是「台灣 ESG 低碳 50 指數」（詳見表 1），以台灣上市公司為母體，

選出 ESG 評等優秀，碳排放風險較低、流動性佳的大型權值股。

在篩選成分股時，主要有以下檢驗標準：

## 標準 1》流動性佳

　　股票如果流動性太差，意味著太過冷門，不易在市場上成交；因此會被選入指數的成分股，必須經過流動性的檢驗。這檔指數的標準是「自由流通周轉率」（個股月成交量占自由流通量的比重）必須在近 12 個月當中，至少 10 個月達到 1% 才合格；而在每季成分股定期重新審核時，如果無法達到上述條件，那麼至少也要在近 3 個月當中，有 2 個月的自由流通周轉率都達到 1% 才行。

## 標準 2》台灣永續評鑑評等為 BBB 級以上

　　若企業的營業項目有涉及賭博、菸草、情色或爭議性武器等，會先予以排除。而被選入成分股的企業，必須有編製年度永續報告書，且在「台灣永續評鑑」獲得的評等為 AAA 到 BBB 級者。

　　這裡指的「台灣永續評鑑」模型，是由國立台北大學商學院企業永續發展研究中心（簡稱「企業永續發展研究中心」）所建構，以 ESG 共 3 大面向，以及檢視企業是否設定適當的永續願景、具備對應的策略與目標，並具體落實企業的永續發展。並且根據社會、

表1

## 00923追蹤台灣ESG低碳50指數
### ——群益台ESG低碳50（00923）基本資料

| 掛牌時間 | 2023.03.08 |
|---|---|
| 追蹤指數（簡稱） | 台灣ESG低碳50指數 |
| 成分數（檔） | 50 |
| 每股發行價（元） | 15 |
| 規模（億元） | 159（2024.07.31） |
| 投資特色 | 聚焦於ESG表現優異，碳排放密度低的50檔大型權值股 |
| 指數調整頻率（月份） | 每年4次（3月、6月、9月、12月） |
| 收益分配（除息月份） | 半年配（2月、8月） |
| 預估領息時間 | 3月、9月 |
| 收益平準金 | 有 |
| 風險報酬等級 | RR4 |
| 總管理費用 | 0.44%（2023總年度） |
| 保管機構 | 中國信託銀行 |

註：資料日期為2024.07.31　　資料來源：群益投信、Money DJ

經濟、環境、揭露等4大構面計算「台灣永續得分率」，共分為8個評等：AAA、AA、A、BBB、BB、B、CCC、D；其中AAA到BBB為永續評鑑排名前42.5%的前段班企業，才會被台灣ESG低碳50指數納入選股範圍。

另外，每季2月、5月、8月、11月也會針對「重大性事件」進

行評估，也就是根據政府公布的裁罰資料，若企業違反環保、勞動、金融等規範，將依據事件嚴重性及企業因應措施進行扣分，若企業的台灣永續得分率低於所屬產業得分率的 5%，則會被列入黑名單，並從成分股名單當中剔除。

## 標準3》近4季有獲利

面對景氣循環，企業的經營多少會受到各種挑戰，而能夠維持獲利則是選股時的基本門檻。要被選入指數的成分股，至少近 4 季的稅後股東權益報酬率（即稅後 ROE，稅後淨利／股東權益）要為正數，簡單來說，就是近 4 季一定要有獲利，ROE 才會呈現為正數。

## 標準4》剔除碳密度指標前20%的企業

根據符合前述條件的企業中，挑出自由流通市值排序前 100 名，進行「碳密度指標」的篩選，目的是排除碳排放風險較高者。

所謂的碳密度指標，是指「當年度企業之碳排放量／當年度企業之百萬營收」，其中碳排放量包含 2 種範疇：

①**直接排放**：在製造過程中直接排放，例如工廠在製造產品的製程使用鍋爐、發電器、餐廳使用瓦斯爐、貨物運輸過程會排放的溫室氣體；或是辦公室及廠房使用冷氣、冷凍設備的冷媒而產生的溫

室氣體等。

②**間接排放**：使用電力或蒸氣等能源產生的溫室氣體。

碳密度指標愈高，代表碳排放量對於企業營收的重要性愈高；而這檔指數在選股時，會先將低碳排的金融產業，與非金融產業分群；再依碳密度指標由高而低排序，剔除掉碳密度指標在前 20% 的企業。而在每季重新審核成分股時，碳密度指標在 10% 之內則會剔除。

## 00923定期每年4次審核成分股

臺灣 ESG 低碳 50 指數一共選進 50 檔成分股，有限制個別股票的權重不能超過 20%，且前 5 大成分股合計不得超過 65%。但是成分股市值占指數母體若超過 10%，該個股權重上限則為 30%。

事實上，目前台灣上市公司股票當中，唯一市值超過 10% 的只有台積電（2330），因此台積電也成為群益台 ESG 低碳 50 當中唯一權重高在 30% 左右的成分股（詳見表 2）。

群益台 ESG 低碳 50 會在每年的 3 月、6 月、9 月、12 月進行成分股的定期審核，當月第 7 個交易日為審核資料截止日，之後的第 10 個交易日為審核基準日，並在於審核基準日後的第 5 個交易

日生效。舉例來説，雖然是在 2024 年 6 月會進行審核，但因為作業時間的因素，更換成分股的實際生效日就落在 2024 年 7 月 3 日。

## 00923每年2月、8月除息

在配息方面，群益台 ESG 低碳 50 有採取收益平準金的機制，每半年配息 1 次，每年 2 月和 8 月除息，除息後 1 個月左右發放。從 2023 年 3 月掛牌後截至 2024 年 7 月底，共有 2 次配息紀錄，分別為 2023 年 8 月除息，每股配息 0.561 元，以除息前收盤價計算，當期殖利率 3.52%；以及 2024 年 2 月除息，每股配息 0.23 元，當期殖利率 1.24%。

費用成本的部分，內扣的管理費率是每年按基金規模的 0.32% 計算；總管理費用則為 0.44%。

## 00923成分股排除碳排放較高的公司

再來檢視群益台 ESG 低碳 50 的成分股，截至 2024 年 7 月底，若與純市值型 ETF 的元大台灣 50，以及同樣標榜低碳特色的國泰台灣領袖 50（00922）相比，這 3 檔 ETF 前 3 大成分股同樣都是台積電、鴻海（2317）、聯發科（2454），只是比重有所差異（詳

表2

## 00923前3大持股為台積電、聯發科、鴻海
—— 群益台ESG低碳50（00923）前10大成分股

| 排名 | 名稱 | 代碼 | 持股權重（%） |
|------|------|------|------------|
| 1 | 台積電 | 2330 | 31.36 |
| 2 | 聯發科 | 2454 | 8.00 |
| 3 | 鴻　海 | 2317 | 5.77 |
| 4 | 日月光投控 | 3711 | 4.48 |
| 5 | 聯　電 | 2303 | 4.27 |
| 6 | 瑞　昱 | 2379 | 3.76 |
| 7 | 聯　詠 | 3034 | 3.70 |
| 8 | 力　成 | 6239 | 3.41 |
| 9 | 創　意 | 3443 | 2.54 |
| 10 | 台達電 | 2308 | 2.09 |

註：資料日期為 2024.07.31　　資料來源：群益投信

見6-1和6-5）。

　　而第4到第10大成分股當中，也同樣都有台達電（2308）、日月光投控（3711）、聯電（2303）。不過，群益台ESG低碳50前10大持股當中，有2檔個股力成（6239）、創意（3443），都不在元大台灣50和國泰台灣領袖50的成分股名單中。

　　若與國泰台灣領袖50相較，雖然兩檔都有加入低碳的篩選機制，

但是因為篩選指標有明顯的差異，成分股結構也不太相似。像是國泰台灣領袖50成分股當中還能見到碳排放量相對較高的產業及個股，例如台泥（1101）及南亞（1303），但這2檔個股就完全不在群益台ESG低碳50的成分股名單當中。

再檢視群益台ESG低碳50的產業布局，截至2024年6月底的資料顯示，前3大產業分別為：半導體產業（61.6%）、金融保險業（12.14%）、電腦及周邊設備業（8.59%），可以發現群益台ESG低碳50跟元大台灣50的相似度，反而來得比跟國泰台灣領袖50的相似度還要高（詳見6-1和6-5）。

然而投資人最重視的還是績效，截至2024年8月22日，群益台ESG低碳50的近1年含息報酬率為43.23%，略高於國泰台灣領袖50的40.47%，但兩檔低碳ETF都明顯低於純市值型的元大台灣50的同期績效50.01%（詳見表3）。

若從波動度觀察，截至2024年8月27日，群益台ESG低碳50的年化標準差為16.72%，皆高於國泰台灣領袖50的15.64%和元大台灣50的16.04%。簡單說，若以近1年的表現，觀察兩檔低碳ETF，可以發現兩者績效相似，但是群益台ESG低碳50的波動程度更高了一些。

表3

## 00923近1年含息報酬率為43.23%

——群益台ESG低碳50（00923）含息報酬率

| 時間 | 含息報酬率（%） |
|---|---|
| 近3個月 | 4.18 |
| 近6個月 | 20.64 |
| 近1年 | 43.23 |
| 近3年 | N/A |

註：1. 資料統計至 2024.08.22；2. 因成立時間為 2023 年 3 月，時間較短，故多列出近 3 個月和近 6 個月的績效供投資人參考；缺乏 3 年以上的績效數據，以 N/A 表示

資料來源：Money DJ 理財網

## 00923整體具備3大優點

整體而言，群益台 ESG 低碳 50 共有以下優點：

1. 股價相對親民。

2. 排除碳排放量較高的產業及個股，適合想支持對環境友善企業的投資人。

3. 殖利率水準優於純市值型 ETF。

但從客觀數據來看，群益台 ESG 低碳 50 則有以下缺點：

1. 成立時間較短，可供檢視的績效紀錄也較少。

表4

# 00922與00923皆有收益平準金機制
## ——00922 vs.00923

| 名稱<br>（代碼） | 國泰台灣領袖50<br>（00922） | 群益台ESG低碳50<br>（00923） |
|---|---|---|
| 追蹤指數 | MSCI台灣領袖50精選指數（客製化指數） | 台灣ESG低碳50指數（客製化指數） |
| 指數母體 | 台灣上市、上櫃公司 | 台灣上市公司 |
| 單一個股最高權重 | 30% | 20%（市值高於指數母體10%的個股可提高上限至30%，現僅台積電符合條件） |
| 總管理費用 | 0.36% | 0.44% |
| 成分股審核頻率 | 每年2次 | 每年4次 |
| 選股重點 | 以MSCI低碳轉型分數搭配市值大小，挑選出符合條件的大型權值股 | 著重於碳排放量占營收比重低且ESG評分優秀的大型權值股 |
| 共同點 | 1.成分股皆為50檔<br>2.皆為半年配息一次<br>3.皆有收益平準金機制 | |

資料來源：國泰投信、群益投信、Money DJ 理財網

2. 代表波動程度的年化標準差與元大台灣 50 相似，但是近 1 年含息報酬率（截至 2024 年 8 月 22 日）卻明顯落後。

3. 與其他市值型 ETF 相比，總管理費用不算特別低。

總結來說，群益台 ESG 低碳 50 與國泰台灣領袖 50 因為掛牌的

**峰哥點評**

00923跟00922都是標榜低碳的市值型ETF，股號相近、募集上市時間相仿，連股價都相近，沒注意的投資新手，可能買錯都不會發覺。最大的差異在於00923直接把低碳放在ETF名字上，且強調只取減碳前段班公司，這對特別重視減碳概念的投資人有一定的吸引力。

00923有單一持股30%限制，績效表現不差，過去1年來到43.23%（截至2024年8月22日）。波動同樣略大，總管理費用在0.5%以下，也是較低管理費的台股ETF。

時間相近，也同樣以低碳為特色，經常被拿來比較，細看兩者的選股邏輯其實仍有明顯的不同（詳見表4）。其中群益台 ESG 低碳 50 的波動程度和近 1 年含息報酬率都略高於國泰台灣領袖 50，且以受益人數而言，群益台 ESG 低碳 50 也以 11 萬多人，勝過國泰台灣領袖 50 的 7 萬多人。不過，2 檔都屬於比較年輕的 ETF，未來的績效孰優孰劣，都還要經過長時間的考驗。

## 附錄 國內15檔市值型ETF一覽表

| 代碼 | 名稱 | 掛牌時間 | 追蹤指數 |
|------|------|----------|----------|
| 0050 | 元大台灣50 | 2003.06.30 | 台灣50指數 |
| 0051 | 元大中型100 | 2006.08.31 | 台灣中型100指數 |
| 0057 | 富邦摩台 | 2008.02.27 | MSCI台灣指數 |
| 006201 | 元大富櫃50 | 2011.01.27 | 富櫃50指數 |
| 006203 | 元大MSCI台灣 | 2011.05.12 | MSCI台灣指數 |
| 006204 | 永豐臺灣加權 | 2011.09.28 | 台灣證交所發行量加權股價指數 |
| 006208 | 富邦台50 | 2012.07.17 | 台灣50指數 |
| 00692 | 富邦公司治理 | 2017.05.17 | 台灣公司治理100指數 |
| 00850 | 元大臺灣ESG永續 | 2019.08.23 | 台灣永續指數 |
| 00905 | FT臺灣Smart | 2022.04.21 | 特選Smart多因子指數 |
| 00912 | 中信臺灣智慧50 | 2022.06.29 | 特選台灣智慧50指數 |
| 00921 | 兆豐龍頭等權重 | 2023.01.13 | 特選台灣產業龍頭存股等權重指數 |
| 00922 | 國泰台灣領袖50 | 2023.03.27 | MSCI台灣領袖50精選指數 |
| 00923 | 群益台ESG低碳50 | 2023.03.08 | 台灣ESG低碳50指數 |
| 00928 | 中信上櫃ESG 30 | 2023.05.24 | 上櫃ESG 30指數 |

註：1.資料時間為2024.08.22；2.報酬率皆含息；3.本表依代碼排序　　資料來源：MoneyDJ理財網

| 規模（百萬元） | 近1年報酬率（％） |
|---|---|
| 385,719.37 | 50.01 |
| 1,647.32 | 18.58 |
| 203.66 | 45.53 |
| 339.70 | 41.26 |
| 869.43 | 46.42 |
| 167.19 | 35.54 |
| 119,798.85 | 50.39 |
| 28,157.43 | 42.04 |
| 18,171.90 | 40.36 |
| 4,923.79 | 44.77 |
| 821.21 | 36.73 |
| 2,468.42 | 18.55 |
| 12,717.48 | 40.47 |
| 15,923.98 | 43.23 |
| 791.50 | 31.61 |

國家圖書館出版品預行編目資料

人人都能學會ETF輕鬆賺0050全圖解/<<Smart智富>>
真.投資研究室著. -- 二版. -- 臺北市 : Smart智富文化,
城邦文化事業股份有限公司, 2024.09
　　面；　公分
ISBN 978-626-7560-02-0(平裝)
　1.CST: 基金 2.CST: 投資
　563.5　　　　　　　　　　　　　　　113013208

**Smart 智富**

# 人人都能學會ETF 輕鬆賺0050全圖解
# （全新增修版）

作者　　　《Smart 智富》真·投資研究室
企畫　　　梁孟娟

商周集團
執行長　　郭奕伶

Smart 智富
社長　　　林正峰（兼總編輯）
總監　　　楊巧鈴
編輯　　　邱慧真、施茵曼、陳婕妤、黃嫈琪、蔣明倫、
　　　　　劉鈺雯
協力編輯　曾品睿
資深主任設計　張麗珍
版面構成　林美玲、廖洲文、廖彥嘉

出版　　　Smart 智富
地址　　　115 台北市南港區昆陽街 16 號 6 樓
網站　　　smart.businessweekly.com.tw
客戶服務專線　（02）2510-8888
客戶服務傳真　（02）2503-6989
發行　　　英屬蓋曼群島商家庭傳媒股份有限公司城邦分公司

製版印刷　科樂印刷事業股份有限公司
二版一刷　2024 年 9 月
ISBN　　　978-626-7560-02-0